七种模式成就卓越班组

江广营
杨金霞
王伟中
——
著

升级版

北京联合出版公司
Beijing United Publishing Co.,Ltd.

图书在版编目（CIP）数据

七种模式成就卓越班组：升级版/江广营，杨金霞，
王伟中著. -- 北京：北京联合出版公司，2025.3.
ISBN 978-7-5596-8202-4

Ⅰ.F406.6

中国国家版本馆 CIP 数据核字第 2024MU1210 号

七种模式成就卓越班组：升级版

作　　者：江广营　杨金霞　王伟中
出 品 人：赵红仕
选题策划：北京时代光华图书有限公司
责任编辑：徐　樟
特约编辑：吴洪霜
封面设计：济南新艺书文化

北京联合出版公司出版
（北京市西城区德外大街 83 号楼 9 层　　100088）
北京时代光华图书有限公司发行
文畅阁印刷有限公司印刷　　新华书店经销
字数 166 千字　　787 毫米 ×1092 毫米　　1/16　　16 印张
2025 年 3 月第 1 版　　2025 年 3 月第 1 次印刷
ISBN 978-7-5596-8202-4
定价：58.00 元

版权所有，侵权必究
未经书面许可，不得以任何方式转载、复制、翻印本书部分或全部内容
本书若有质量问题，请与本社图书销售中心联系调换。电话：010-82894445

再版序

《打造最有战斗力的班组》和《七种模式成就卓越班组》首版于2014年，此后多次印刷，以其理论的通俗性、案例的典型性、工具的实用性等特点受到班组长们的热烈欢迎。纷至沓来的反馈证明，《打造最有战斗力的班组》和《七种模式成就卓越班组》确实符合"中国企业的班组长终于有了一套适合自己学习、提高的读物"的定位。作为这套书的作者，我们深感欣慰，并为因这套书而蜕变的班组长感到开心，同时，也向广大读者致以真挚的感谢。

自这两本书出版以来，经过十几年的发展，中国班组建设事业取得了卓越的成效。各级领导部门、各行业企业对班组的重视程度持续加强，班组建设工作理念不断升级迭代，实践持续走向深化，班组长胜任力和素养水平得到整体提升，持续涌现出一大批特色化班组实践典型，培育出一支支优秀的班组长队伍，形成一系列具有创新性的班组管理工具并不断升级。

但是，我们也清醒地看到，当前企业管理者对班组地位和作用认知不足、班组建设工作形式化、忽视班组长素养培养、以粗暴的考核代替激励、班组凝聚力不高、为"建设"而"建设"等老旧问题依然存在。同时，随着经济社会的发展，企业组织形态不断迭代，作为最基本单元的班组又出现了诸多新问题:"95后""00后"员工怎么培养,全员积极性如何调动,安全建设如何推进,班组文化如何化育,等等。而且,随着数字化的发展,企业各级组织的班组建设工作正面临新挑战。

进入新时代,以高质量发展推进中国式现代化是党中央做出的重大决策。发展高质量生产力、建设高质量基层组织是每个中国企业必须面对的重大课题。面对新形势,站在新起点,基层组织愈加重要,是动员群众、联系群众、组织群众参与中国式现代化建设的基础保障,是服务群众、温暖群众、赋能群众的主要载体和重要抓手。

班组是加强企业治理水平、夯实企业高质量发展根基、推动企业整体绩效最大化的基础平台。也就是说,在企业组织中,班组是促进业绩和管理同步提升的基础前沿阵地,是推进人和组织全面发展的基本赋能场域。在智能化、数字化、和谐化、信息化、共生化、生态化发展的新阶段,班组如何固化已取得的成效并迈向新的建设阶段,班组如何转型升级并重建班组建设理念和方法,班组建设如何将建设中国式现代化的要求落到实处,已成为企业面临的重要问题。

希冀再版的《打造最有战斗力的班组》和《七种模式成就卓越班组》能够引导你的思考,启迪你的认知,促发你的行动。

本次再版修订遵循继承与发展、回应与升级的原则。一方面,在保持本书的结构框架和主旨内容不变的前提下,根据班组建设实践发展现状,改写了部分案例;另一方面,根据班组建设工作的时代要求和当前企业发展的实际需求,就某些理念、方法、工具进行针对性升级,以更契合班组长的日常工作所需。

真诚希望这两本书能够继续陪伴更多的班组长,在不断夯实企业高质量发展基础、持续提升班组建设质量的路上,我们同行!

序

万丈高楼平地起，基础牢固是关键，而班组就是企业这座大厦的根基。如果说班组是企业最基本的作业单元，那么班组建设便是企业管理中夯实基础的工作。只有班组这个"细胞"充满活力，健康生长，企业的生命力才会旺盛。

所以，加强班组建设，怎么强调都不为过。目前，国内已有很多优秀的企业开始重视基层班组建设，它们根据自身的特点，探索特色型班组建设模式，如学习型、安全型、清洁型、节约型、和谐型、技能型、效益型、管理型、创新型等。特色班组建设这一概念的提出使得班组建设的目标更加突出，要求也更加规范，可以说是班组建设理论与实践的一大进步。

但是，我们也看到还有众多企业在班组建设上，仍然在采用简单的以考核为主的传统管理方式，基层人员对加强班组建设的重要性尚未达成深刻的共识，未形成"人人参与，人人争创"的氛围。在班组建设的认识上存在以下偏颇：重视制度建设，忽视文化建设；重视物质奖惩，忽视精神激励；重视现场管理，忽视基层人员素养的培育；重视班组长专业技能的提升，忽视其管理能力的培养；等等。造成这些问题的原因是，班组建设软弱无力，实际效果不尽如人意。

面对中国企业班组管理的实际，我们在对中国企业班组建设进行深入分析和研究的基础上，首次在业内提出了独具特色的六型班组管理模式，即学习型、文化（和谐）型、自主（民主）管理型、创新型、人本绩效型、精细化（精益）型。六型班组管理模式的特色在于：以班组的人文建设为核心要素，以激活人的潜能为根本内驱力，以全员参与为基本实现路径。六型班组管理模式真正实现了人本激活，使得员工从消极被动变为积极主动。此后，我们先后为电力、石油石化、移动通信、煤炭等行业的众多大中型企业提供了以六型班组建设为核心内容的咨询式内训服务，均获得客户的高度赞誉。其中"活力100四型班组建设咨询式内训项目"曾荣获中国管理大奖"杰出培训案例奖"。

同时，我们还结合培训市场需求以及客户的反馈，不断地对我们的班组建设模板进行创新升级。我们发现，卓越的班组往往不能简单地被界定为六型班组中的任何一型，而是六型班组的复合型。由此在历经多次实践验证和理论总结的基础上，第五级班组的概念与模式应运而生。首先，第五级班组整合运用了六型班组管理模式；其次，第五级班组将知识管理这一前沿管理理论运用到班组实践中，解决了班组隐性知识的显性化及知识的传播、复制等难题；最后，第五级班组把管理权真正交给了员工，使得被管理者成为管理者，实现了班组的全员管理、全员参与、全员创新、全员达标，让每一个人成为责任的担当者、创新的推动者、管理的实践者。

通过20余年的企业管理、管理咨询和培训研究，通过与众多优秀的企业家、经理人、班组长的互动和交流，通过与许多管理咨询师、管理培训师的分享和探讨，以及为500多家中外企业提供的咨询与培训经历，八九点（北京八九点管理咨询有限公司的简称）专家团队对中国企业班组建设有了一个全新的认识，那就是在所有的企业里，班组是企业目标与决策实现的第一阵地！在卓越的企业里，班组长是企业的第一管理者！

序

企业90%的基础管理工作靠谁去落实？90%的日常工作靠谁去推进？90%的小事发生在谁身边？是谁在8小时内始终盯着现场？是谁在8小时里掌控着作业安全、质量把关、设备使用、进度监督、规范规程的执行督导？又是谁第一个发现问题、解决问题、反馈问题、分享问题？谁是员工职业精神的第一榜样、职场的第一个教练？谁又是职场氛围的第一个营造者和组织者？

显然，是组织细胞活力的创造者——班组长、科室经理、部门主管这些企业基层作业单元的管理者。

可以说，企业千条线，班组一针穿。

当前企业管理的一大瓶颈就是基层管理者的胜任力明显不足，基础管理体系不扎实。企业如果不能有效地解决这个问题，那么就始终摆脱不了厄运之轮（见图1）。无数企业大厦的倒塌就是因为基础不牢。

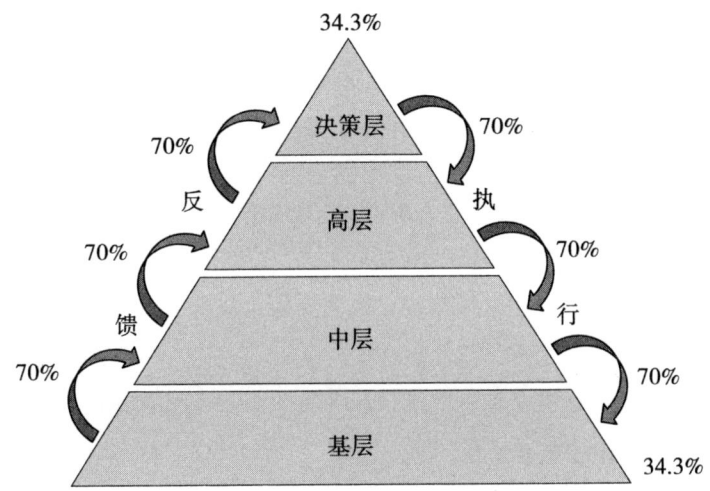

图1 企业厄运之轮

图1表明，企业的执行系统效率由上至下呈逐层递减之势，最终落实到基层，其执行效率只能实现34.3%；而企业的反馈系统效率则由下

至上逐层递减,该系统最终只能将 34.3% 的信息反馈到决策层。

所以,企业的发展需要员工,而员工队伍的中坚力量就是千千万万的班组长!

他们要为员工建设精神家园;

他们要为员工建设乐业平台;

他们要为员工建设成就舞台;

他们要为员工建设成长摇篮。

总之,他们是企业员工的第一导师和教练!

企业从优秀走向卓越的第一步就是要建设一支卓越的基层管理者队伍(见图2)。因为:

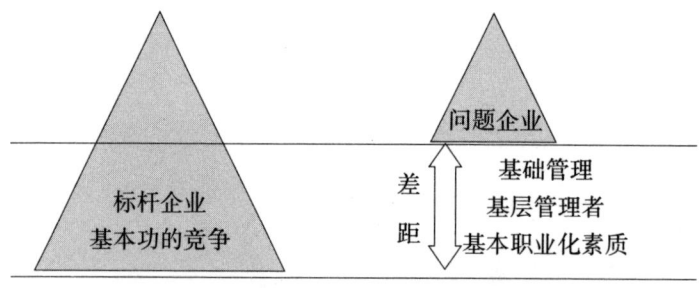

图 2　问题企业与标杆企业基层管理水平差距

没有一支卓越的班组长队伍,就失去了企业战略落地的基础,企业战略的执行、推进就会大打折扣;

没有一支卓越的班组长队伍,就失去了企业文化落地的根基,企业文化的传承、传播就会中断。

总之,班组建设是企业发展的根本基础,班组长队伍建设是企业基业长青的源泉。

为什么有的企业经常出现文化与现实"两张皮"、战略打折扣、制度不见效、精细化执行不力等现象,其根本症结就在于企业的基础管理与基层建设的缺失。

我们经过多年的研究，整合了国际上最新的管理理念和中国最佳班组的管理实践，对其进行消化、创新，再经过班组培训、咨询的实践验证，归纳分析，撰写出《打造最有战斗力的班组》和《七种模式成就卓越班组》。

《打造最有战斗力的班组》介绍班组建设的七大核心内容、方法与工具，内容全面、翔实；《七种模式成就卓越班组》讲解适合于行业特点和企业需求的特色型班组模式建设，是国内并不多见的关于特色型班组建设的书籍。总之，中国企业的班组长终于有了一套适合自己学习、提高的读物。

今后，我们还将继续在八九点官方网站陆续分享班组系列产品，为提高我国企业班组的管理水平和班组长的管理能力尽绵薄之力。

此外，我们还将与有关的行业协会联合开展班组长素质能力认证和班组建设模式认证活动。并且在此基础上，根据企业的特定需要，为企业量身开发专项培训课题，提供班组建模培训和咨询，培养班组长教练队伍，构建完善的班组长培训体系。我们非常欢迎班组管理研究的专家、读者与我们一起分享和交流。

我们对班组建设研发、创新的步伐也从来没有停止过，在本书出版之际，我们的产品还在进一步向细分化市场发展，根据不同行业的特色需求，开发出了行业版的班组管理模式。读者欲了解更多行业的班组建设解决方案，请登录八九点官方网站。

目　录

01 第一章　学习型班组建设

第一节　什么是真正的学习型班组 /003

一、突破"温水之蛙"困境 /005

二、员工有自我超越的动能 /006

三、改善员工心智模式 /008

四、建立共同愿景 /011

五、培养系统思考力 /012

六、成就伟大的团队 /013

第二节　学习型班组学什么，怎么学 /014

一、工场即道场——将工作现场视为职业修行道场 /014

二、工作即修行——将工作行为视为职业精神修炼 /015

三、学习工作化——以实践为师，时时练悟性 /016

四、思行合一化——以思考为径，事事都反思 /016

五、以同事为师——人人有绝活，互学中互敬 /017

六、以分享为师——人人是教练，分享体验力 /018

　　七、以标杆为师——处处都对标，比学赶帮超 /018

　　八、以问题为师——向错误要教训，以改善为中心 /019

第三节　学习型班组的班组长角色定位 /021

　　一、班组长的三重角色 /021

　　二、班组长的领导方式——领导即教练 /023

　　三、班组长的工作方式——管理即培训 /029

第四节　学习型班组建设实例 /031

　　一、每日一案例——事事是案例 /031

　　二、每日一课题——学习生活化 /040

　　三、每日一提问——以问题为师 /042

　　四、每日一反思——思维训练化 /044

　　五、每日一标杆——向新高学习 /045

　　六、每日一创新——超越型学习 /046

　　七、人人有特长——塑造技能型员工 /048

　　八、人人有绝活——塑造金牌型员工 /049

　　九、人人都比试——打造员工竞争力 /051

　　十、人人是教练——塑造技能同化力 /053

02　第二章　文化型班组建设

第一节　文化到班组，员工创文化 /057

　　一、文化管理是最根本的管理 /058

二、企业文化根基在班组 /060

三、文化型班组的特征 /061

第二节　班组文化建设的两大系统 /062

一、班组主文化——使命、目标、宗旨、口号 /063

二、班组子文化——实现班组主文化的途径和方法 /067

第三节　班组"文"如何"化" /069

一、导师化育法 /070

二、管理塑造文化 /072

三、案例化育法 /074

四、标杆化育法 /076

第四节　文化型班组建设实例 /080

一、班组理念重塑 /081

二、人本管理模式再造 /082

三、班组规章制度建设 /084

四、班组文化平台建设 /084

五、活动造势，扩大影响 /085

03　第三章　自主管理型班组建设

第一节　卓越班组的特征——员工自主管理 /092

一、为什么要建设自主管理型班组 /093

二、自主管理型班组的特征 /095

第二节　人人唱主角，全方位参与 /097

一、自主管理型班组的两大特点 /097

二、自主管理型班组的建立步骤 /100

第三节　人是自主管理型班组的运行核心 /104

一、人本激励机制——激活潜能，自动自发 /105

二、制度公约化机制——变被管理者为管理者 /108

三、轮值机制——人人管班组 /111

四、承诺机制——变外驱力为内驱力 /113

五、透明化机制——时时提醒，人人监督 /115

第四节　自主管理型班组建设实例 /117

一、金石为开："人人都是班组长" /118

二、安全的接力棒："红帽子管理法" /121

三、闪耀舞台：优秀员工你真棒 /123

四、乐业福田：和谐的精神家园 /124

04 第四章　创新型班组建设

第一节　全员创新，成就卓越 /129

一、不创新，就会被淘汰 /129

二、创新型班组的特征 /131

三、如何成为一名合格的创新型班组成员 /132

第二节　重塑创新观念，开启创新之门 /134

目录

　　　　一、事事可创新 /135
　　　　二、人人都创新 /137

第三节　创新思维能力的培养 /138
　　　　一、突破思维定式 /138
　　　　二、逆向思维法 /140
　　　　三、联想思维法 /141
　　　　四、奥斯本检核表法 /143

第四节　班组创新管理机制建设 /145
　　　　一、创新日常机制——创新常态化 /145
　　　　二、创新提案机制——创新导出平台 /148
　　　　三、创新激励机制——创新活力平台 /150

第五节　创新型班组建设实例 /153

第五章　人本绩效型班组建设

第一节　什么是人本绩效型班组 /157
　　　　一、人本绩效型班组建设的必要性 /157
　　　　二、人本绩效型班组的特征 /159

第二节　人本绩效型班组管理模式 /160
　　　　一、"经营人"的管理理念 /160
　　　　二、"以员工为中心"的管理思维 /162

三、"创建精神平台"的管理方法 /164

第三节　班组绩效全过程管理 /165

一、绩效目标制定与沟通 /166

二、绩效辅导 /168

三、绩效考核 /170

四、绩效反馈 /170

第四节　打造高绩效班组现场 /172

一、消除现场的十大浪费现象 /173

二、精打细算节约成本 /176

三、充分挖掘员工潜能，推进全员降成本增效益 /179

第六章　精细化型班组建设

第一节　精细化管理在班组 /186

一、什么是精细化管理 /186

二、有必要实施精细化管理吗 /188

三、精细化型班组的"三易"特征 /189

第二节　班组精细化管理要做到"三全" /190

一、全员管理：全员参与、全员思考、全员尽责 /191

二、全方位管理：横到边、竖到底、无死角 /192

三、全过程控制：PDCA 持续改善 /193

第三节　精细化管理平台建设的具体要求 /195

一、目标明——人人自知 /195

二、权责清——责任到人 /196

三、制度硬——凡事有规则 /198

四、标准细——事事可操作 /200

五、命令畅——执行不打折 /202

第四节　精细化型班组建设实例 /203

一、全员参与，形成积极氛围 /204

二、案例化教育，创建精细文化 /204

三、实施 5S 管理，打造精细化现场 /205

四、查缺补漏，全员改善 /206

五、完善班组制度，确定精细化工作标准 /206

07 第七章　第五级班组模式建设

第一节　什么是第五级班组 /209

一、第五级班组的基本形式 /209

二、第五级班组的核心特征 /212

第二节　如何建设第五级班组 /216

一、三基——基层组织、基础管理、基层人员 /217

二、三全——全员、全方位、全过程 /219

三、三整合——文化管理、精细管理、知识管理 /220

第三节　第五级班组的操作方法 /222

　　一、全员管理——人人都尽责，事事有人管 /222

　　二、目视管理——事事都透明，人人都监督 /223

　　三、精神家园建设——塑造荣誉感，有昂扬的斗志 /224

　　四、乐业福田建设——人人都爱岗，事业源于爱 /224

　　五、成就舞台建设——塑造成就感，培养成就欲 /225

　　六、成长摇篮建设——学习型班组，事业化人生 /225

　　七、分享式学习法——事事是案例，人人是教练 /226

　　八、日常化培育——常朝乾夕惕，习促日精进 /226

第四节　第五级班组建设实例 /227

　　一、班组文化建设 /227

　　二、班组全员自主管理建设 /228

　　三、班组目视化建设 /228

　　四、班组荣誉激励机制建设 /229

　　五、班组早、晚会制度建设 /230

　　六、班组"习学"机制建设 /230

　　七、班组信息化平台建设 /231

致　谢　归功于人 /233

第一章

学习型班组建设

开篇之前，我们先来说一个金手指的故事。从前，有三个年轻人一起上山拜师学艺，三年后学成，临下山时，师傅说要送他们每人一件礼物。听说师傅有点石成金的本事，他们都很想见识一下。大徒弟在地上随手捡了一块石头，让师傅把它变成了金子，带着金子很开心地下山了。二徒弟贪心，自作聪明地费了很大劲儿从后山搬来一块像小山一样大的石头，也让师傅把它变成了金子，结果他却搬不走，只好守着金山过日子。三徒弟没有要金子，而是提出要师傅能点石成金的金手指，于是师傅将点石成金的本事传授给了三徒弟，结果，三徒弟也成了能点石成金的奇人。

这则故事告诉我们，拥有创造"金子"的能力，比拥有数量再多终也有限的金子更有价值。对于班组建设来说，传授给每个人具体的知识，不如建立一种适用于班组建设的理念和模式，创建一套实用的方法和工具更有价值，从而使得班组内每个人愿学习、爱学习、善学习，形成班组自我吸纳、自我更新、自我提升的能力。学习型班组建设就能赋予班组以"金手指"。

第一节　什么是真正的学习型班组

真正的学习型班组，是会系统思考、自我超越、主动改善心智模式、建立共同愿景的团队。

建设学习型班组，首先要搞清楚一个问题，什么是真正的学习型班组？在这一问题上，不管是企业的中高层领导，还是企业的基层班组长，不少人存在一些认识上的误区，常见的有：

- 建设学习型班组就是搞职工的培训教育，让员工多读几本书或多组织几场培训，多举办几场活动。
- 建设学习型班组就是多搞些"争创""比武"之类的竞赛活动。

其实，读书、培训、争创、比武等，只是学习型班组建设内容的一部分，却不是它的全部。特别是学习型班组建设是一项长期的任务，它是一种常态化、日常化、例行化的运行和管理方式，是再造班组愿景、管理模式、班组长领导方式、学习方式、员工心智模式等的系统工程，而不是阶段性、临时性的活动或任务。

结合学习型组织的理论及学习型班组建设的实操经验，我们认为学习型班组建设必须包括以下内容：

- 培养系统思考的团队——没有系统思考就有极大风险。
- 共同修炼，自我超越——不能自我超越就是自我虐待。
- 共同改善心智模式——不能改善心智模式就是自我伤害。
- 建立共同愿景——没有共同愿景就缺乏无限张力。
- 建设团队学习文化——脱离了团队学习就等于选择了被淘汰。
- 建设透明的信息反馈管理系统——没有反馈就会使思考受限。
- 建设信息共享管理系统——没有共享就是浪费才智和资源。
- 建设循环的过程反思管理系统——没有总结、反思，就没有进步。
- 健全班组知识管理系统——能够将隐性知识转化为显性能力。

那么，学习型班组又如何创建呢？具体的操作方法、工具是什么？我们将一一阐述。

一、突破"温水之蛙"困境

将一只青蛙突然丢进煮沸的水里，反应敏捷的青蛙会奋力跳出，安然逃生。而将青蛙放进冷水里，慢慢对水加热，青蛙毫无防备地在水中"惬意"地享受，当它感觉到水温升高、无法忍受，想再跃出逃生时，为时已晚。这就是大家熟知的温水之蛙的故事。虽然这个结论后来被证明是错误的，但这里只是想讲讲这个故事背后的道理：应积极寻求变革与创新，否则醒悟时为时已晚。

在当今这样一个学习能力竞争的时代，知识更新的速度极快，今天我们或许还是人才，明天可能就是需要补课的学生。不学习，时刻面临着被淘汰的危险；不进取，我们就会成为"温水之蛙"。人类天生具有惰性，一个人如果没有一个好的环境，没有一个学习型团队的支撑，要想做到持续学习是很困难的。只有置身于一个学习型的团队中，在学习型文化的熏陶下，在团队的带动下，你才能克服惰性，避免"温水之蛙"的厄运。

所以，学习型班组必须采用团队学习方式，有分享、互动的交流，这样才能相互影响、相互激励；必须形成日常化的、制度化的学习行为，这样才能使学习长期进行下去。在学习型组织文化的影响下，养成持续学习的好习惯，最终培养出超越变化、享受变化、以变求生的强者人格特质，这样，我们今天是人才，明天、后天仍然是人才，我们的未来生活和职业发展才会一片阳光。

二、员工有自我超越的动能

你最大的敌人是谁？大部分人都会说："自己。"对！所以一定要自我超越，也就是自我创造，这是突破现有自我的唯一选择。自我超越是学习型班组的一项重要修炼，具有高度自我超越精神的人，会持续地积极、主动学习。

1. 自我超越的价值

能够实现自我超越的人总是能够冷静客观地看待现实、对待自我，非常清楚自己的生活目标或个人愿景。为了实现这个愿景，他们愿意全身心地投入自己的力量，并由内而外地铸就坚强的意志，形成对实现愿景的持续发展动力，以至最终实现令他人和自己都感到神奇的真正的自我修炼。归纳而言：

- 自我超越，就是厘清自我。厘清自我是实现自我超越的前提，我们要搞清楚什么对我们来说是重要的，我们追求的愿景是什么，目标是什么，朝着哪个方向去努力。

- 自我超越，就是自动自发。有着强烈自我超越精神的人，不须扬鞭自奋蹄，会自动自发地进行自我学习和修炼。

- 自我超越，就是无限张力。当愿景和现实产生距离的时候，为了弥补这一差距，勇于自我超越的人会产生无限的创造性张力。

- 自我超越，就是能力爆发。在自我超越的过程中，潜能被最大限度地挖掘和释放出来。

- 自我超越，就是精神历练。自我超越的过程是一个人的精神历练过程，我们要不断与自己的惰性、自卑、怯懦等人性弱点做斗争。只有战胜自我，才能实现自我超越。

• 自我超越，就是自我创造。自我超越是努力去追求自己的愿景和目标，积极面对工作和生活，而不是被动应变。为实现愿景和目标，我们要主动克服自己的惰性，弥补自己的不足，完善自我。

• 自我超越，就是实现自我。实现了自我超越，我们才能体会到战胜自我、实现自我、突破自我的成就感和愉悦感。

• 自我超越，就是高贵品格。自我超越"知易行难"，只有极少数人才能做到。但凡成功者、伟人，必定都是实现自我超越的人。所以说，自我超越是一个人的高贵品格。

2. 不能自我超越的负面影响

• 不能自我超越的人，时刻都会自我设限，无法得到自我实现的终极快乐。

• 不能自我超越的人，无法融入团队中，必然形成一个孤立的个体。

• 不能自我超越的人，无法最大限度地激活自身精神潜能，从而失去自我创造力。

3. 融入学习型团队，实现自我超越

一个人如果不能融入学习型团队之中是因为：

• 个人的动力远不如团队的动力足。现代社会，终生学习已成为人在职场生存的必然要求。追求永续的学习动力，使动力永不枯竭，几乎是每个人的梦想。但是，长期面对枯燥、艰苦的学习，没有顽强毅力的人是很难坚持下来的，而忽冷忽热或十分钟热度，却

是许多人的共同特点。

所以，自我超越并非轻而易举就能做到。学习型班组就像一个动车组，每节车厢都有自己的动能，当个人的动能缺失时，团队其他人就会自动自发地来推动你。在这种大环境的支持和督促下，再加上自身的动力，才能更好地凸现自我超越。所谓环境塑造人，周围环境的友好支持，更利于个人自我超越的品格修炼。

- 个人的毅力远远不如团队的毅力强。坚持，或者说坚强的毅力，是通向成功的必备要素，它最易理解，也最难做到。"雁行理论"告诉我们：只有团队真诚合作，才能事半功倍，更快地达成目标。

班组或团队如果以学习型文化为推动力来建设，那么，团队中的个人受这样的团队氛围熏陶和团队力量持续推动，就会不断地向前走，这又反过来增强了团队的毅力。对于大多数人来说，没有团队文化的持续推动力，个人的毅力往往持久不了。可以说，团队学习文化是"道法自然"的团队建设策略，是个人品行修炼的互补、互促平台，是"内化于心，外化于行"的修行哲学境界。

自我超越，绝不是一日之功可实现的，而需要持续性修炼才可获得，是持续学习的结果，是"习惯塑造品格"的持续性学习过程的价值体现。

总之，个人的成功，需要优秀的学习型班组或团队来做环境支撑。学习型班组为员工构建了一个自我超越的修炼环境。

三、改善员工心智模式

一般人的心智模式存在以下必须改善的四大顽疾：

一是归罪于外。在人们的日常生活、工作中经常可以看到这样的情况：一旦出了问题，人们不是先去找问题的原因，而是忙着推卸责任，归咎于外，认为自己永远是对的。

二是墨守成规。人们在潜意识中常常容易固守既有的、习惯性的东西，比如：过去我就是这样做的，现在还应这样做；别人这样做的，我也这样做。习惯像一副无形的枷锁，使我们自我设限，难以摆脱僵化的桎梏。

三是局限思考。盲人摸象的故事非常典型地说明了人看问题的局限性。每个人都将自己感觉到的部分当作整体来认识，并据此片面的认知来做决策，导致许多决策错误。

四是心态不正。人的心态健康与否，直接影响着看问题的角度和结论是否正确。赌气、骄气、泄气、不服气、埋怨、自以为是、本位主义等种种不健康的心态，只要存在其中一种，就会影响你的精神、情绪和你人格的正常发展，使你快乐不起来，从而出现负面效应。

这四大痼习的顽固性还体现在以下三个方面：

一是根深蒂固。一个人的心智模式是在日常生活的长期积累过程中形成的，它会持久地影响人的信念，甚至决定了人的世界观和人生观。通常，我们不易察觉到自己的心智模式。一旦心智模式变成我们认识新环境和接受新理念的阻碍，这样的心智模式就必须被革除。通过否定和抛弃旧有的心智模式，建立新的心智模式来适应新的环境和行为方式，这是一个心灵转变的痛苦过程，必须锲而不舍，持之以恒。

二是自我感觉良好。期待员工自己去改善心智模式，因为人们常常认为"我是对的"。所以，必须为员工树立一面可以看见自己的镜子，也就是必须建设一个团队反馈系统，来支持员工的心智模式改善。

三是牢骚满腹。在许多人的心智模式中，要求的都是别人是完人，甚至是圣人，对自己则什么都可以降低标准。于是，自己的心里总是充满埋怨、不满和痛苦。这就需要组织对员工经常给予人文关怀。

学习型组织理论大师彼得·圣吉认为，如果不去掉旧有心智模式，所有新的管理理念和方法都会被旧的心智模式这块隐藏在暗处的"顽石"阻碍。要使员工真正成为自己的主人、团队的主人，唯一的办法就是搬走其心智模式中的四大绊脚石。

那么如何搬走这四大绊脚石？这是学习型班组的主要功能。具体来说，就是要在班组内建立起反思系统、分享系统和反馈系统。彼得·圣吉在《第五项修炼》一书中提出了"跳跃式推论"这一概念，意思是说，我们很容易从我们观察到的一些片段、事件直接地或者根据自己假设的一些前提得出结论性的论断，而且视之为理所当然的、不须再加以验证的定论。然而事实往往并非如此。班组内建立起反思系统，可引导班组成员反思，大胆质疑自己的一些跳跃式推论是否正确，进而引导班组成员发现一些错误的心智模式并逐渐改善它们。这里的分享和反馈系统相当于给每个人树立一面镜子，通过大家的交流、沟通甚至争辩，使每个人看问题更加系统、全面，进而修正自己的心智模式。

班组的反思系统、分享系统、反馈系统具体怎么建设、运用，在本书的相关章节中有详细的操作方法和工具介绍，在此不做赘述。

四、建立共同愿景

建立共同愿景是学习型班组建设的一项重要修炼，也是一项基本内容。"愿景"为创建学习型班组指明了方向，提供了强大的动力。

那么什么是"愿景"？爱尔兰著名剧作家萧伯纳的话会帮助我们对此有一个更好的理解。他说："生命中真正的喜悦，源自当你为一个自己认为至高无上的目标献上无限心力的时候。它是一种自然的、发自内心的强大力量，而不是狭隘地局限于一隅，终日埋怨世界未能给你快乐。"这种"至高无上的目标"就是现代意义上的愿景。

一个团队如果没有共同愿景，不仅是团队的悲哀，更是个人的悲哀。因为没有共同的愿景，团队将失去前进的方向，员工将没有永续的激情。

共同愿景是一种神奇的资源，它可以使人超越自我，可以给人无限张力，可以改变人的精神世界，可以给人以澎湃的激情，可以重塑人的价值，可以建构人的协作精神，可以激发团队的无限活力，可以改变人的品格，可以增进团队成员的感情……

共同愿景是让个人价值、团队价值最大化的原动力。建立共同愿景，需要以学习型班组为基础，而学习型班组建设的一项基本内容，就是通过建立共同愿景，使班组的活力和激情始终处于饱满的状态。

如何建立班组共同愿景？简单来说，班组愿景既要体现企业的大愿景，也要与班组成员的个人愿景结合起来。具体做法是：首先，要引导班组成员了解什么是愿景，为什么要建立班组共同愿景；其次，让每位班组成员认真思考，提出自己的个人愿景；最后，在个人愿景的基础上，通过大家的共同讨论，提炼出班组的共同愿景。

五、培养系统思考力

系统思考是学习型班组进行团队修炼的核心手段。如果一个团队缺乏系统思考的能力，就变成了美国社会心理学家约瑟夫·勒夫特与哈林顿·英格拉姆所描述的：人人都是只认识事物局部的"井中之蛙"。为了方便理解，我做了简单的整理与分析，如表1-1所示。

表1-1　人类认识事物的局限性

	自己知道	自己不知道
别人知道	自由活动领域（公众我）	盲目领域（背脊我）
别人不知道	逃避或隐藏领域（隐藏我）	处女领域（潜在我）

这也就是说，没有团队学习文化，团队成员只会局部地、片面地看问题，而不会用系统的、全面的观点来看问题。

团队中经常能够见到这样的"井中之蛙"，他们常常为自己的无知和片面见解而得意，发自内心地、很激动地向人们自诩"我因愚蠢而骄傲，我将持续这样……"。而在学习型班组里，在团队学习文化的驱动下，不可能出现这样的"井中之蛙"，每个人都会从不同的视角系统地思考问题，即：

- 整体思考——全面地看问题。
- 动态思考——发展地看问题。
- 本质思考——辩证地看问题。

这三种思考问题的方法是学习型班组的显著特征。如果不具备这三种系统思考问题的方式，人们就会犯以下错误：

- 局限思考而自我设限。

- 归罪于外而祸害自我。
- 适得其反而反向推动。
- 专注个别而整体失败。
- 习而不察而毫无收获。
- 经验错觉而有违规律。
- 妥协压力而错误不断。

六、成就伟大的团队

建设学习型班组是成就伟大团队的根本路径，是每个员工快速成长的最佳基础建设。学习型班组之所以能够造就一个伟大的团队，主要是因为以下十个方面：

第一，注入了一种心态——阳光心态。

第二，营造了一种氛围——激情团队。

第三，锻造了一种精神——自我超越。

第四，灌输了一个理念——持续创新。

第五，强调了一种观念——系统思考。

第六，培养了一种习惯——事事反思。

第七，激发了一种热情——追求愿景。

第八，拨亮了一盏心灯——活出精彩。

第九，打下了一个根基——学习能力。

第十，明白了一个道理——理解万岁。

第二节　学习型班组学什么，怎么学

学习型班组要坚持"工作学习化，学习工作化"的学习方式，从实践中来，到实践中去。

建设学习型班组必须要弄清一个问题：学什么，怎么学？在很多人的观念里，建设学习型班组就是搞几场培训、组织几次研讨会或者给班组成员发几本书。这是对学习型班组建设的一种误解。

建设学习型班组绝非那么简单，而是"工作学习化，学习工作化"的学习方式，是从实践中来、到实践中去的过程。

用什么方式来学习是建立学习型班组的关键。通过对人的增智赋能模型的分析，我们不难发现，最有效的学习方式是：向实践学习，向问题学习，向同事学习，向标杆学习；在团队中学习，在互动中学习，在分享中学习，在思考中学习。

一、工场即道场——将工作现场视为职业修行道场

"道场"原意是指高僧修道的地方。僧人进入这个地方，就能静心修行，专注修行，经过长期不懈的努力，修成正果。"道场管理"模式使人们"学不知，观不见，用在不知中，成在无形处"。它是在"润物细无声"的微妙情景下实现的，是典型的"环境影响人"的哲学设计。其具体做法是，将每个人的最佳做法利用可视化系统表达出来，分享给团队其他成员。这种方式的作用是：

- 精神动力——荣誉感、成就感、自我实现感。这是人类实现自我超越的三大力量源泉，对于激发员工"我必须为荣誉而战，必须有所成就，必须影响他人"的自我超越精神的修炼起着时时提醒、时时暗示、时时激励的作用。
- 自我激发——"我是最好的，我应该做得最好，我应该成为标杆"，为此，"我骄傲，我全力以赴，我充满激情"。
- 潜能发挥——人类成就自我的方法，就是使潜能得到完全发挥。

二、工作即修行——将工作行为视为职业精神修炼

所谓"内化于心，外化于行"，即是将人的思维方式与行为方式统一起来。员工面对企业的各种标准还经常会出错，其根本原因是思维方式与行为方式的不匹配。尽管企业有明确的标准和流程，但员工由于惯性思维和惯性行为，总会不自觉地偏离标准和流程。

要克服这种思与行的冲突，我们创造出了一种"每日一反思，每日一讨论"的活力晚会、分享晚会、对标晚会的快乐学习机制，它既能激发全员思考，带动全员学习，又有助于班组工作绩效的改善和提升。通过每日一反思——思考力开发的形式，构筑团队成员素质修炼的基础；通过每日一讨论——分享的形式，把学习融入日常班组管理中，培养团队成员的团队精神。这种引导班组成员将遇到的问题或好的经验、想法及时与大家进行讨论和分享的形式，使得讨论和分享制度化、规范化，成为班晚会的固定内容之一，即每日一案例。

三、学习工作化——以实践为师，时时练悟性

我们认为，"学习"一词可以分拆开来解释，"学"是强调学知识，"习"就是要付诸实践。学习是向理论求知，再进行实践的行为过程。因此，我们提出一个与众不同的理念："习学"，是基于实践去学习，是"工作学习化，学习工作化"。

对于现代企业员工来说，学习不应该是在教室里的孤立的活动，而是在实际工作中提炼经验、技术，在与同事的交流中获得全面提升的过程。学习与工作是密不可分的。

四、思行合一化——以思考为径，事事都反思

人与人在能力上的最根本差距源于悟性的差异，悟性是修炼而得的，个人的高悟性需要很多年的修炼。我们的学习型班组建设模式中有一项关于激活人的潜能的方法，即班会后10分钟的"快乐分享"——"议今日的人，思今日的事"的团队分享活动。

具体来说，就是在每日的班晚会上，对员工当天的表现进行优秀、较好、一般、比较需要帮助、最需要帮助的五级评价，并点评班组成员当日的表现，通过讲解班组成员的一件小事、一个细节、一个做法、一个想法、一种态度等来表彰、激励或者指出其需要改进的地方。对当天被树为标杆的人物，则要对其事迹进行重点分享，并在全体班组成员面前举行隆重的嘉许仪式。具体内容见本章第四节"每日一标杆"。

这样的学习活动可以达到以下目的：

- 议今日的人——人人为我师。克服心智模式中自我感觉良好这一缺陷，也是建立反馈系统日常化运作管理的基础。
- 思今日的事——事事是案例。从团队日常化学习管理机制中培养一种良好的习惯。通过案例学习，员工得以培养发现问题的敏锐能力。

五、以同事为师——人人有绝活，互学中互敬

"三人行必有我师焉"，对于学习型班组建设来说，以同事为师不仅是一个思维方式的问题，也是一个学习素质问题。小学者相轻，大学者相敬，讲的就是这个道理。

在人的自我超越精神不足的时候，人们持有的永远是相轻的心理态度。但是，如果"你敬我一尺，我敬你一丈"，就可以使自我超越精神不足的人在互敬中互学。基于这一特征，我们在学习型班组建设的咨询、培训过程中，创造出了这样的互动形式——"人人有特长，人人有亮点，人人有绝活，人人都相敬"的互相发现、互相激励的班组互动活动。

"人人有特长"消除了每个人的"我不行、不可能"的恐惧感（这是人的最大心魔），增强了每个人的自信心，从而使他们敢做、敢为、敢创新（这样的人是最美的天使）。

"人人都相敬"使得团队成员在相敬的过程中相互发现、相互欣赏、相互学习，隐含着自我实现的需要，属于人的内心深处的精神渴望。"人人都相敬"这一看似简单的做法，真正体现了"对人性的深刻理解"，创造了团队中"非血缘关系的亲情"，这种力量足以使

人全力以赴，甚至愿意肝脑涂地。

六、以分享为师——人人是教练，分享体验力

没有互动就不存在学习型组织，互动是每个人将自己的心得分享给他人，最终共同实现团队目标的过程。依据学习型班组的这一重要特征和中国企业班组管理的实际，我们创造性地提出了学习型班组"今日你一题，明日他一新，做后同分享"的分享形式。

今日你一题——人人在问题求解中思考、在实践中探索求新，解决了人在被动思考、被动行事中的惰性，增强了人的责任感、成就感和自我实现感，推动了人的人格品质和心理素质的升华。有关内容见本章第四节"每日一课题"。

明日他一新——每个人都以创新为荣，精益管理落实到员工的具体行为中，使团队充满创新的活力，使员工充满创新的激情。有关内容见本章第四节"每日一创新"。

做后同分享——每个人都以分享为乐，使得反思、分享、反馈这三大系统变成员工的经常行为，成为强大的团队推动力。

七、以标杆为师——处处都对标，比学赶帮超

在以往的班组管理模式下，很多人的行为是向下对标。当你批评他时，他马上就会说："谁谁谁比我差多了……"当你表扬别人时，他还会说："他有很多缺点，比我差多了……"总是把别人的缺点与自己的优点相比，自以为是，自我膨胀。

拥有一支缺乏自发、自觉、自动、自强的员工队伍，企业不会成为卓越的企业。赛场上从来不会有运动员说谁比他跑得慢，而是说谁比他跑得快，才会形成"更高、更快、更强——更团结"的力争上游的良好气氛。这种竞争精神可以上升为人的内在驱动力。企业管理可以说是大道相通的，为此我们设立了一个"班组人性优赛场"，这个人性优赛场的运作模式很简单，即"纵向对标树信心，横向对标学标杆，处处都对标，比学赶帮超"。

- 纵向对标树信心——今天比昨天进步，即树立持续学习、持续改善的信心。这一活动可以大大改善员工的学习心理，激发创新精神。
- 横向对标学标杆——对于弱者来说，是人比人，不如人；对于强者来说，是人比人，赶超人。在一种有比较的学习中，人的傲气就会慢慢消失，自我超越精神就会崛起，人就会潜移默化地形成学习、模仿、超越的自我意识。
- 处处都对标——使人谦虚，使人内省，是觉察力修炼和团队学习精神旺盛的具体化，它可以大大改善人的自以为是的心智缺陷。
- 比学赶帮超——是我们期望看到的学习型班组的喜人景象。比，会让人自动、自发；学，会让人自我超越；赶，会让人干劲儿倍增；帮，会让人共同进步；超，会让人全力以赴。

八、以问题为师——向错误要教训，以改善为中心

没有问题的人，不会成功；没有问题的团队，根本不存在。发现不了问题，也许意味着这个团队的问题很大。在这样的团队中，

团队成员缺少责任意识，问题被掩盖，越积越多，堆积成山，最终就会爆发，产生几近毁灭性的后果。

解决问题，是实现创造力价值的根本路径。为激发员工那种争取实现最佳自我的昂扬斗志，最好的办法是花大力气培养员工解决问题的实际能力，把班组成员自我实现的精神需求和修炼创造的能力融为一体，使其以问题为师，在实践中增长才干。

许多班组长将"以问题为师"的管理模式运用于班组管理实践，都获得了不错的效果：原来的漠视责任者变成了问题的发现者，推卸责任者变成了解决问题的求索者。班组成员的责任意识由内向外勃发，有效地预防和解决了班组内的问题。

那么"以问题为师——向错误要教训，以改善为中心"的管理理念在班组中具体是如何落实的呢？我们提出的办法是"每日一问""每日一进""日清日高"，目的是将问题管理日常化，实现全员化的高效运作方式，让班组的每一名成员都具有解决问题的意识和兴趣，体会发现问题、解决问题、分享问题解决过程的愉快感和成就感。

这种方法呈现出以下效应：

• 每日一问——"学"以"问"为径。"每日一问"，使班组成员具有发现问题的积极性和敏感性，同时也形成了"人人监督，人人管理，事事求问"的班组文化。细节管理是班组管理的要旨，只有员工细致入微，解决细节问题，才能不断地减少问题。

• 每日一进——"不积跬步，无以至千里。"如果没有团队学习这样一个文化环境，个人的精进就很难实现。把"每日一进"作为日常化活动布置给员工轮流推进，并给予推进者精神鼓励，员工的意愿力就会倍增。

- 日清日高——这是现代企业员工必须具备的一条行为准则。只有坚守此道，企业才可持续发展。"日清日高"要求今天的问题今天解决，每天的修炼都应有所得，今天要比昨天做得好。

在这个共同学习的过程中，班组成员的智慧迸发出来，既为班组解决了问题，也建立了员工个人快速成长的职业修炼模式。

第三节　学习型班组的班组长角色定位

> 学习型班组的班组长是学习的设计者和推动者，班组成员心智修炼的导师和班组成员技能提升的教练。

我们认为，传统的班组长管理方式已不适用于学习型班组建设的要求。在学习型班组中，班组长的角色不再是控制者、监督者、批评者、考核者，而是学习型班组建设的领头人，是班组学习的设计者和推动者，是班组成员心智修炼的导师，是班组成员技能提升的教练。

一、班组长的三重角色

1. 学习的设计者和推动者

- 学习氛围的营造者：宣传团队学习的意义，培养班组成员的学习热情和互动分享的良好心态。

- 班组学习活动的发起人：设计并策划班组学习的内容和形式，动员班组成员掀起学习的热潮。
- 正确学习方式的引导者：引导班组成员掌握高效的学习方式，倡导班组成员向实践学习、向问题学习、向同事学习。
- 积极学习的带头人：以身作则，发挥榜样的力量，真正成为"学习型班组长"。
- 班组学习的激励者：激励喜爱学习者、善于学习者，创造班组成员持续学习的动力。
- 班组学习的培训师：班组长是专业技术的示范者，主动向班组成员提供知识、技能的培训和辅导。

2. 班组成员心智修炼的导师

员工心智的改善是个漫长的过程，需要3~10年的持续培养。班组长要像导师一样矢志不渝、不厌其烦地进行引导工作，通过说故事、讲案例，点评班组成员行为，表扬好的做法等方式，引导班组成员树立正确的价值观，推进员工从思维方式到行为方式的改善，培养员工自我超越的精神，调整员工心态，帮助员工改善心智模式。

3. 班组成员技能提升的教练

班组长应把关注的焦点放在人上而不是事情上，应该着眼于每个班组成员的未来，及时给予班组成员有效的支持，帮助员工认清自我，调适自我，激发员工的士气，挖掘员工的潜能，让他们认清目标，以最佳状态创造成果。

二、班组长的领导方式——领导即教练

学习型班组具有开放性、自主性、参与性、扁平性、平等性、合作性、互动性、民主性等特点。因此，学习型班组的班组长的领导方式也要与此相适应。我们通过大量的实践得出结论：在学习型班组中，班组长应该成为教练式的领导。

什么是教练式的领导？其与传统的领导方式又有什么区别？

1. 倾听多——变"我说你听"为"你说我评"

在传统班组的日常例会中，我们经常看到的场景是：班组长一人苦口婆心、长篇大论，而班组成员们要么沉默不语、无动于衷，要么早已私下"开小会"。因此，我们常听到班组长抱怨："现在的班组成员不好管，说什么他们都听不进去。"

我们对这类管理者有一个形象的叫法："大狗"（绝无贬义）。如果"大狗"叫的次数太多，声音太大，那么"小狗"们就不敢叫、不会叫了。这类班组长总是急于把自己的一套想法灌输给他的班组成员，把自己的想法、观点当作权威而不允许有任何改变，很少去激发班组成员主动说，很少去真诚地听取班组成员的想法，久而久之，班组就成了班组长的"一言堂"，班组成员的激情被压抑，创意被遏制，积极性被打击。

学习型班组的班组长必须改变这种"一言堂"的领导方式，变"我说你听"为"你说我评"。这样做的好处是：激活班组成员的表达欲和表现欲；实现班组成员的荣誉感、成就感；发挥全员力量，提升班组管理效果，改善工作绩效。

但要真正把这种好处体现出来，还需要班组长将"你说我评"落实到日常的具体管理中。例如，在班组例会、头脑风暴会时，由班组成员轮值主持，让班组成员轮流发言。班组成员发言时，班组长认真倾听。发言结束后，班组长对班组成员多鼓励、多赞同，然后进行点评、总结、提升。

我们将这种交流模式称为"两个很好，一个还可以更好"，即指出班组成员发言中两个值得肯定的点，对其进行嘉许和激励，同时指出一个"还可以更好"的点，以助其提升。

案例

为响应国务院国资委、中华全国总工会的号召，国航股份西南分公司在中航集团、国航股份的指导下，大力开展安全、服务、学习、文化"四型"班组建设工作。客舱服务部的芙蓉班组分析了班组成员普遍年轻化的状况，根据他们思想活跃、容易接受新鲜事物的特点，采用将趣味与个性化相结合的方式来促进班组建设。班组长利用信息化的微信平台搭建了班组微信群，这样班组成员即便身处不同地区，也一样方便参与班组学习的沟通与讨论；班组成员还将学习资料与班组制度随时更新上传至班组线上平台，实现"公开、公平、公正"的管理。这种灵活、人性化的学习方式，使班组建设工作融入到日常工作之中，增强了班组向心力，也使班组每一个成员都获得发表工作心得、阐述观点的机会。大家不见以往的羞涩，积极表达对班组建设的理解、认知和关心。

此举让每个人对安全保障、服务品质都有了更全面的认识和把握，也为安全飞行打下了良好基础。

上述案例给我们三个启示。一是包括培训在内的任何一种学习，都要让大家参与进来，采取互动、自主的方式，更适合成人学习的规律。二是三人行必有我师：人人当老师，人人又当学生，在互动的学习过程中，大家共同提高。三是团队的培养不是单靠一个人或几个人能完成的，必须得到团队全体成员的共同认可，大家心往一处想，劲儿往一处使，才能锻造出一支有战斗力的团队。

2. 提问多——变"我说你做"为"我问你思"

一个人能力的高低不是取决于其知识获取量的高低，而是取决于整合、运用知识能力的高低。

在班组管理中，我们发现班组长们惯用的领导方式是指示型的，总是可以听到班组长说："你应该这样做""这件事情应该这样办""照我的吩咐做就行了"……这样做的结果是，班组成员被动地接受指示，甚至还会存在对抗心理："凭什么你说的就是对的？"或许班组成员这次按照班组长的指示做对了，但是下次他还知道这么做吗？他还能继续做好吗？

教练式班组长采用的则是完全不同的一套策略：不直接告诉班组成员答案，而是通过一步一步有逻辑性的提问，引导班组成员自己找到问题的答案。

这样做的好处是：

- 启迪班组成员的心智。

- 训练班组成员的思维能力，形成"人人会思考，人人善思考"的良好氛围。
- 促使班组成员主动求变、主动求进。
- 锻炼和提升班组成员的整体能力。

为了引导员工自己思考，找出解决方案，班组长可以多使用以下问句形式：

"你做这件事情的目的是什么？"

"你打算怎么实现你的目标？"

"你还需要哪些帮助和支持？"

"这一方案或做法的优点、缺点有哪些，你清楚吗？"

"这么做，可能会产生什么影响？"

"你有没有仔细想过，还有没有更好的方法？"

"你觉得出现问题的可能原因有哪些？××方面的原因，你考虑到了吗？"

……

提问式领导是一种很好的管理方式，要提高这方面的能力，需要班组长在日常管理中长期修炼。

案例

在一次日常分析中，仪器本身出现问题，导致分析结果异常，当时在岗员工请赵班组长去解决问题。赵班组长并没有直接告诉员工解决的办法，而是引导他："你知道是什么原因导致异常的吗？想一想，这个问题你自己能够独立解决的。"最后这名员工果真独立地将问题解决了。

这个案例告诉我们：

第一，班组长是教练而不是救火者。

第二，实践是最好的老师，在解决问题时学习是最好的成长方法。

第三，建立"工作学习化，学习工作化"的日常学习机制，是企业和员工共同进步的最有效方式。

3. 教导多——变"我做你看"为"你做我教"

如何才能尽快地提高班组成员的素质和技能，是困扰班组长的一大难题。班组长们经常采用的方法是"我说你听，我做你看"。实际上，"听""看"的学习吸收率只有10%～30%，而最有效的方法是"你做我教"，让员工亲自去尝试做一遍。这是一种基于实践的学习方式，只有实践才能出真知。

这样做的好处是：在实践中学习，大大提升学习效果，使得员工能力快速提升；班组长得以解压，可以将更多的精力投入到班组建设的大事中去。

案例

班组成员调动频繁，每人来的时间长短不同，技术水平参差不齐，以致会的人总在干，不会的人总在看。经过分析，王班组长将会干的人与不会干的人组成一个小组，要求不会干的人先动手干，会干的人在一旁观察并适时做出指导，这样班组成员的技术水平同时得到了提高。

可以说，体验是最好的老师，"做一遍"的效果比"看一遍""听一遍"的效果强百倍。

4. 激励多——变"你做我批"为"你做我赞"

在当今竞争激烈的市场形势下，班组长处在生产一线，虽然职位不高，但是压力很大，以致经常性脾气暴躁，批评、训话甚至骂人似乎已经成为他们的习惯行为。

我们在给某企业做班组长培训时，发现该企业班组里竟然存在非常普遍、严重的"骂人"文化。可以想象，在这样一个员工得不到尊重的班组环境里，员工的潜能能被激发出来吗？员工的忠诚度又从何谈起？事实上，该企业基层员工的流失率确实非常高。

精神激励、荣誉激励往往能起到意想不到的好效果，这包括领导赞许、肯定、嘉许、表扬及同事的认同等。教练式班组长应该是激励型、鼓舞型的，应多实施"你做我赞"，对班组成员的点滴进步和改善给予及时的公开嘉许和奖励，使他们感到莫大的认可和鼓舞，从而更加热情高涨地投身于工作之中。

这样做的好处是：班组成员被认可、被尊重，潜能被激发，获得激情工作、快乐生活的体验；帮助班组成员突破限制性信念，给他们不断进行自我超越的信心和动力；对班组其他成员有很好的积极引导作用。

三、班组长的工作方式——管理即培训

学习型班组的班组长的工作方式是"管理即培训，培训即管理"。培训业已成为教练式班组长的一种工作方法。班组长通过培训解决问题，提高人员素质，实现管理目标。具体如何操作呢？请看图 1-1。

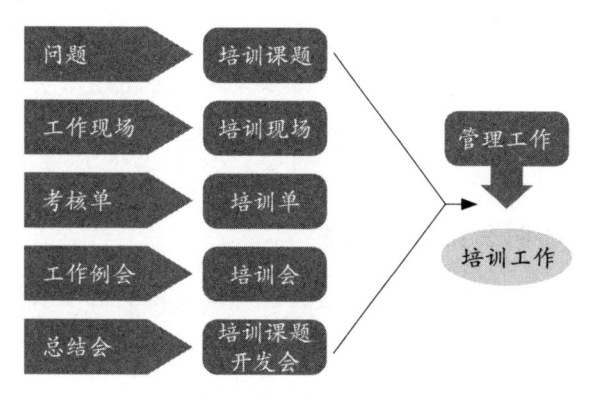

图 1-1　班组长的工作方式

1.将问题变成培训课题

工作中的问题就是培训的课题，这是以问题为师、以实践为师的具体运用。例如，客户抱怨增加、产品质量下滑、安全有漏洞、现场的一次故障等，都是我们的培训课题。将这些问题转化为培训的课题，带领大家一起讨论、一起解决，这就是一种基于问题和事实的管理方式。

2.将工作现场变成培训现场

工作中出现问题，在现场即时培训，是"工作学习化，学习工

作化"的具体运用。在现场将问题解决，就是不惧怕失败，在失败中学习，进而找出改进方法。例如当出现次品时，就要当场找出问题的原因并彻底解决问题，这样错误就不会重犯，还有利于形成团队精神。一旦有事，大家就会一起想办法解决问题，相互帮助的结果是能够出现更多的"多能工"。

3. 将考核单变成培训单

利用考核单分析班组绩效存在哪些问题、班组成员的能力存在哪些缺陷等，再将这些信息变成培训的课题。

4. 将工作例会变成培训会

改变以往说教式、填鸭式的例会模式，将例会变成培训会。培训会上，问题即案例，标杆即案例，人人是主角，人人做案例，人人是老师，班组长就是组织者、主持人和点评者。

5. 将总结会变成培训课题开发会

总结是为了将经验、教训清晰化。将经验固化为标准，方便今后遵照执行；将教训梳理出来，则管理起来有针对性，同时可以作为培训的课题，大家一起研讨，集思广益，寻求解决之策。

第四节　学习型班组建设实例

学习型班组建设，源于实践，重在善于总结提高，以实现班组学习的反思系统、分享系统、反馈系统的有机整合，搭建员工自我超越、改善心智模式的"道场"。

如何将学习型班组建设落到实处，并具体化到班组每一天的工作当中？我们提供的方法简单易懂，人人会用。简单来说，就是贯彻"工作学习化，学习工作化"，向实践学习，以实现班组学习的反思系统、分享系统、反馈系统的有机整合，搭建员工自我超越、改善心智模式的修炼"道场"。

一、每日一案例——事事是案例

所谓案例，就是为了达到一定的教育目的，围绕选定的问题，以事实作素材而编写成的某一特定情景的描述。案例素材源于班组工作中的点点滴滴，可以是人员精神面貌方面的案例、业务技能方面的案例，或班组管理方面的案例。案例由班组成员轮流制作、发布，并通过大家共同讨论，形成解决问题的方案，提炼出案例启示。

1. 实施价值

每日一案例是"以实践为师，以问题为师，以标杆为师，以同事为师"的管理哲学思想的具体运用,是班组成员互动、分享、反馈的平台,是培养员工发现问题、思考问题、解决问题的实践方法,也是进行说事、说理、说人的最具体化、形象化、人性化的育人工具。

2. 案例的类型和结构

从内容上来说,案例主要分为问题型案例和标杆型案例两种。从表现形式上来说,主要有图片、文字描述,也可以通过情景再现的形式演绎出来。

● 问题型案例。问题型案例侧重于针对现象提出问题,引发思考,通过分析问题来解决问题。问题型案例的基本模板是:

①案例陈述:案例所述事件、问题的过程及背景。阐述的是什么问题?当事人是谁?什么时候发生的?有无解决?问题造成了什么后果?等等。

②案例问题:针对案例陈述提出供大家讨论的问题。常见的提问方式有以下几种,比如,出现这种问题的根本原因是什么?你如何评价案例中提出的解决方法?你会怎样去解决?有没有其他类似问题?如何杜绝此类问题再次发生?

③案例启示:通过案例分析,引发思考,得到启示,然后形成新的行动计划或改善方案。对于案例的讨论和分析一定要深入、全面,因为一件小事往往能折射出一系列问题,不能就事论事,要注重从管理体系、制度、方法等深层次的角度来分析和解决问题。

④行动改善计划:解决问题要遵循"四不放过"的原则,即不分析清楚原因不放过,不找到具体的责任人不放过,没有形成

有效的解决措施且落实到位不放过，没有对他人形成警示教育作用不放过。将具体的解决方案和整改措施落实到人，监督检查执行的情况。

• 标杆型案例。标杆型案例重在对成功事例、优秀做法的复制和学习，即对成功要素进行分析、提炼和分享，并通过集思广益，进一步加以完善。标杆型案例的基本模板是：

①案例陈述：阐明案例发生的背景，譬如完成某项重大业务的成功要素，某项工作形成的创新思路和改善做法，某人全新的工作精神、展现工作绝活等。

②案例分析：分析标杆的优秀做法及成功要素，分享其成功的经验、技能等。

③案例启示：案例引发大家的感想，谈出受触动之处和收获之处。

3. 实施指导

实施的人：人人做案例。按照轮值表，班组成员轮流做案例。

实施时间：每天班晚会之后进行案例的发布、讨论，或者根据班组情况做适当安排。

实施要点：第一，案例素材的选择一定要与工作密切相关，最好取材于班组中普遍存在的问题，这样的案例价值较大。第二，案例描述要清晰，要真实再现案例发生时的具体情境，如案例发生的背景或环境、人物的对话、事件的进展等要描述清晰，以便于做出更加客观、细致的分析，使得学习的针对性更强。第三，案例讨论环节至关重要，如果每个人只是浅显地说几句套话、空话，那么案例讨论的意义和价值就很小。因此，在案例讨论时，班组长应鼓励每个人都积极参与，并引导大家进行深入分析。例如分析问题时可按照"四不放过"原则，直到彻底形成解决方案为止；分析成功因素时，要挖深、挖细。

4. 看板示例

图1-2是"每日一案例"（天天案例法）看板示例。

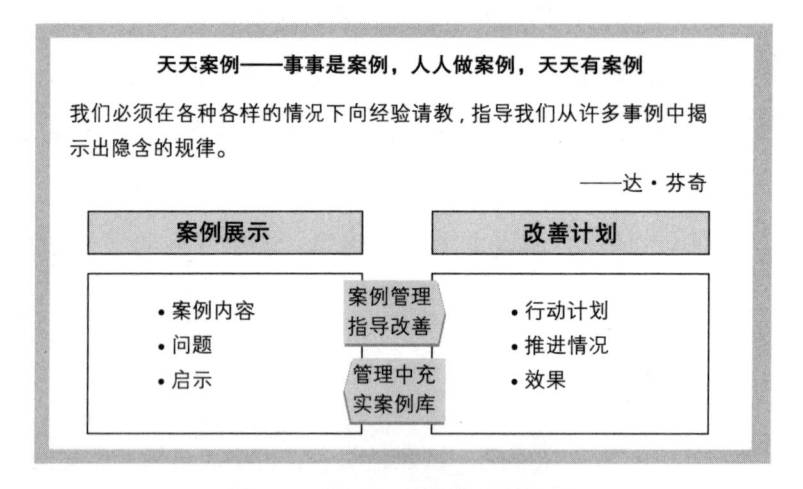

天天案例——事事是案例，人人做案例，天天有案例

我们必须在各种各样的情况下向经验请教，指导我们从许多事例中揭示出隐含的规律。

——达·芬奇

案例展示		改善计划
• 案例内容 • 问题 • 启示	案例管理 指导改善 管理中充 实案例库	• 行动计划 • 推进情况 • 效果

图1-2 "每日一案例"看板示例

案例

某港口公司的卸车甲班接受了班组长胜任力提升及班组建设系列培训之后，在成果转化阶段，班组长将案例管理法运用到实践中，取得了很好的效果。下面我们来看看这个班组是如何运用案例管理法的，以及在运用过程中有哪些心得体会。

- **召开案例运用动员会**

案例编写、运用需要班组全员参与，因此班组长首先召开了一次动员分享会，让班组成员了解什么是案例，为什么要运用案例管理法，如何编写案例，如何运用、实施案例管理法，等等。

- **组织班组成员编写案例**

班组长在案例的编写过程中，对班组成员进行辅导，针对案例管理制定了严格、细化的"卸车甲班案例管理制度"，制度中针对案例的分类、内容、格式均提出了细化的要求。在短短几天内，班组成员共编写案例23个，涉及安全生产、工作态度和方法、团队建设等内容。

卸车甲班案例管理制度

第一章 总则

第一条 为了宣扬班组精神、推广工作经验、解决班组问题、规避班组风险，特开展案例分享活动。

第二条 案例管理列入班组月度绩效考核中。

第三条 本制度适用于班组内全体员工。

第二章 实施细则

第四条 班组成员每月在保证质量的前提下至少提交一篇案例，至多两篇，按时上交到班组长处。15号之前每人必须交一篇，每月截止到当月20日。截至15号未交案例者对标管理扣1分，之后上交案例分享者对标管理不计加分，截至 20 号一篇未交者对标管理扣 5 分。

第五条　每月 15 号（月中某天）组织分享会一次，30 号（月底某天）组织分享会一次。

第六条　案例分享采取班组成员评分制，从案例选择、问题深度、启示效果、开展形式、现场气氛五个方面打分，最高 5 分，最低 0 分，可以有小数（如 2.5 分）。每人评分后可在各方面提出改进意见，每个案例评分取平均值，得分 3 分以下（不含）对标管理记 1 分，3 分以上对标管理记 2 分。案例评分表如表 1-2 所示。

表 1-2　案例评分表

姓名		案例名称	
项目		分数	建议
案例选择			
问题深度			
启示效果			
开展形式			
现场气氛			
每项最高 5 分，最低 0 分，可打小数，欢迎提出宝贵意见			

第七条　案例提报说明。

（一）案例分类：

案例可以是标杆案例（优秀经验分享、优秀人物表彰等），也可以是问题案例（发现问题、分析问题、改善问题）。为了便于案例的查阅和学习，需对案例进行分类，案例题材包括但不限于以下几类：

第1类：安全管理。与安全操作、安全事故、安全隐患等有关的案例。

第2类：设备管理。与设备使用、点检、保养、维修等有关的案例。

第3类：高效生产。与工作效率、工作方法、工作流程等有关的案例。

第4类：管理创新。与管理理念、方式、方法等有关的案例。

第5类：学习提升。与业务技能提高、人员素质提高、技术发明创新等有关的案例。

第6类：和谐文化。与团队关怀、关爱、好人好事、团结互助、团队活动等有关的案例。

（二）案例内容要求：

1. 案例陈述要完整，尽可能包括五要素：时间、地点、人物、事件、结果。

2. 尽量不要有错别字。

3. 尽量表达流畅，不要出现逻辑不清、语义不明等现象。

（三）案例格式要求：

1. 所有案例按附表统一格式排版，一个案例占一页。每个案例表格上案例名称单独占一行。

2. 文字字体字号为宋体五号。

3. 段落行距为2.0，段前段后为0。

4. 案例陈述部分首行缩进2字符，即空两个字。

5.案例提问部分问题要标序号，如"1.""2."。

6.案例启示部分尽量分条陈述，如"1.""2."。

第八条 每月案例按编号归档，便于查询，案例编号按日期、上交顺序排列，如20230601为2023年6月第一篇，以此类推。

第九条 本制度由卸车甲班班委会负责解释。

第十条 本制度自发布之日起执行。

- 案例发布

前后组织两次案例发布会，采用班组成员评分制，评选涉及安全管理、设备管理、和谐文化三方面的优秀案例。

在案例发布会上，要对每个案例提出的问题进行解答，引导大家思考，了解大家对问题的看法，尤其要对班组成员在意识上、行为上的问题进行纠错。

例如，发布了安全管理的优秀案例后，班组长采用启发式提问：1.通过案例得到什么启示？2.如何才能做到从自身安全需求出发？

班组成员们积极发言，由其中一名班组成员归纳总结了启示：1.各级人员必须认真履行岗位职责，确保安全生产。2.加强安全活动的实效性，提高人员安全意识，加强安全管理的检查监督，形成良好的执行氛围，使班组成员从自身需要出发，严格执行规章制度。3.安全意识的提高需要班组成员常抓不懈和持续努力。

- 案例管理法运用心得

案例发布后，班组成员还对案例的实施效果进行了总结。

通过总结，班组成员一致认为案例管理法具有很好的作用：

1.每个人通过写案例，对自己的思想意识、技能水平和日常表现进行了反思，找出自己工作中存在的问题，再通过案例发布进行坦诚的讨论，找到解决问题的方法，提高了自我管理的意识。在23篇案例中，有14篇编写了在个人工作中的一些错误认识以及反思，占60.9%。这说明通过编写案例，大家能正视存在的问题，大胆暴露问题，做到自我反省。

2.通过案例发布，大家畅所欲言，对案例进行"对事不对人"的讨论，全班组成员受到了教育，提高了认识。大家互相寻找差距，互帮互学，共同提高。

3.通过编写案例、讨论案例，获得启示，全班组成员的语言表达能力和总结能力有了提高。从不同期的案例编写质量比较来看，第一期发布的案例编写质量较差，出现了两篇不合格案例，第二期发布的案例质量有所提高，基本上能够准确表达编写人的想法。

4.振奋了全班组团结合作的精神。班组成员编写的案例中，有6篇是关于团队建设的和谐文化的，表现出班组成员关心集体，在工作中精诚团结、互相帮助、互相监督、共同进步的精神状态。同时通过案例的讨论，大家统一了思想，明确了奋斗目标。

5.提炼了班组文化。通过案例管理法，班组把日常工作中的责任、规范、团队精神进行提炼，升华成班组文化。班组成员也能从案例中判断哪些是班组倡导的、哪些是班组禁止的，大家都可以依据相同的准则进行工作，并以此规范和约束自己的行为。

6. 提升了班组管理水平。班组通过实施案例管理法，培养了大家养成自我思考、自我管理的习惯，激发了大家参与班组管理的热情。

二、每日一课题——学习生活化

每日一课题，即由班组成员轮值，每天与大家分享一个与班组工作实际相关的知识点，班组成员在共同讨论和交流的过程中提升自身知识和技能水平。

1. 实施价值

"每日一问"是学习日常化、学习生活化的具体体现。

"每日一进"的具体方法是每天学一点，每天进步一点，累积起来就是进步一大步。

2. 实施指导

实施人：班组全体成员轮流进行。

实施时间：每天一班早会。

实施要点：所选的课题必须与工作相关，具有一定的学习价值；注重学后感受的分享，在团队互动和碰撞中形成新的思维、方法和技能；学以致用，将所学的知识点运用到班组实际工作中。

3. 看板示例

图 1-3 是"每日一课题"看板示例。

每日一课题——学习生活化		
学习生活化：学无止境，学无定式。生活中人人都是老师，事事都是老师。养成学习的习惯，让学习来提升我们、指引我们。善于发现，勤于思考，日新，日进，日高。		
今日课题		
课题描述		
课题领悟		
同事评论		
发布人		发布时间

图 1-3 "每日一课题"看板示例

案例

某银行分行组织近 200 家支行接受了专业的"五型"（活力型、文化型、学习型、营销型、绩效型）支行建设培训和咨询工作。其中一家支行根据自身的工作特点，对每日一课题进行了创新，以下是该行"每日一课题"的实施情况：

周一由支行行长做一周工作部署。

周二由大堂经理负责主持轮值工作，对大堂及柜台服务提出改进建议，学习他行服务经验，对表现突出的柜员给予表扬。

周三由对公业务经理负责主持轮值工作，带领大家学习对公业务知识及怎样到企业进行营销。

周四由理财经理负责主持轮值工作，带领大家学习怎样理财，怎样向客户简明扼要地介绍理财产品，并将有理财意愿的客户推荐给理财经理。

周五由推举出来的柜员负责主持轮值工作，就日常业务操作提出合理化建议。

该行"每日一课题"活动的三个特点非常值得我们学习和借鉴：

第一，紧扣实际工作。学习的内容与银行的核心业务工作密切相关，确保了学习的有效性。

第二，每日都有明确的主题。每日一个学习主题，使得学习更加具有方向性和针对性，也使得学习内容更加均衡和全面，效果更突出。

第三，全员都参与。从经理到柜员都是学习的组织者，都是教练、培训者，激活每个人的潜能，每个人都是主动学习者。

三、每日一提问——以问题为师

学以问为前提，学以问为基础。没有问题，就不会思考。具有发现问题的能力是产生创造力、思考力的前提，是解决问题的前提，是技能提升的前提，是改善、创新的前提。

1. 实施价值

问题是潜藏在每个人身边无形的大师，它让人清醒，让人反思，让人自知。

问题是相伴在每个人身边的良师益友,是团队的文化、管理的艺术、教导的工具。

2. 实施指导

敢问,不以问为耻;会问,用问找到突破口,提问以后找到答案或者相应的解决方案。

注重提出解决问题的思路与思维。

3. 看板示例

图 1-4 是"每日一提问"看板示例。

每日一提问——以问题为师				
今日经典问题				
今日提问明星	提问者照片	姓名		
		部门		
		岗位		
问题引发事件简述				
经典问题带来经典回应 经典回应产生经典方案				
提问思路解析	自我解析			
	团队解析			
提问日期				

图 1-4 "每日一提问"看板示例

四、每日一反思——思维训练化

每日一反思，即天天都总结，天天都反思。每天开班晚会时，总结今天的进步和改善，反思今天的问题与不足，认真分析原因，寻求改善之策，共同提升，共同进步。

1. 实施价值

思维力是最根本的生产力。

每天总结，每天反思，每天进步。

2. 实施指导

思维力的形成是需要经过长期训练和"高人"指导的，在这一过程中需要引领者或是整个团队进行思维模式的学习、归纳和提炼，并通过不断的思维碰撞，达到成就团队、成就自我的目标。

班组成员以案例或故事的形式呈现工作中的某个现象或问题，并分析、思考现象或问题产生的深层次原因以及改善措施等，在这个过程中不断提升自我分析思考的能力。

3. 看板示例

图 1-5 是"每日一反思"看板示例。

每日一反思——思维训练化
思维犹如建筑工人，知识犹如建筑材料，思维是知识的整合、运用，比知识本身更重要。思维力不是天生的，思维力的塑造必须有赖于日积月累的训练。通过每日一反思培养员工的思维习惯，塑造员工的思维能力，创造企业的前进动力。

建筑材料 （知识、现象、问题）	
智慧大厦 （分析、研究、思考）	
同事感悟	
建筑工人（提交人）	部门

图 1-5 "每日一反思"看板示例

五、每日一标杆——向新高学习

每日一标杆，即每天评选班组标杆，向标杆学习。

1. 实施价值

天天有榜样，日日创新高。

团队学习最有效的方式就是树立标杆，对标学习。

团队成员在每天创标的过程中完成自我超越。

团队成员在每日对标的过程中实现自我激励。

2. 实施指导

"星星"大家选，人人争当"星星"。

评选标准可以多元：或绩效高，或精神状态好，或其他标准。注重对标杆的思维方式、素养、技能的学习。

3. 看板示例

图1-6是"每日一标杆"看板示例。

```
每日一标杆——向新高学习

今日之星：

评价（领导、同事、相关人员）：

榜样自评：
```

图1-6 "每日一标杆"看板示例

六、每日一创新——超越型学习

创新是学习型班组的典型特征之一。每日一创新，即在每天班晚会上分享当日班组工作的创新点、改善点，激发班组成员的创新欲。

1. 实施价值

注重发现创新、分享创新、激励创新，每天班晚会总结、汇报工作时，都要例行地问一下班组成员："今天有什么创新吗？拿出来给大家分享一下。"

创新强制化，由班组成员轮流定期更新每日一创新看板，鼓励班组成员去发现创新，实践创新。

2. 实施指导

培养创新意识。创新没有大小之分，关键在于每天都有创新的思想和行为。

注重创新过程和创新思路的分享，激发更多的创新火花。

更多关于班组创新的内容详见第四章"创新型班组建设"。

3. 看板示例

图 1-7 是"每日一创新"看板示例。

每日一创新——超越型学习	
创新点： 例如"每日一题"活动，每天只用 5 分钟，言简意赅，清晰明了，便于实操运用	启发：
思路理念（具体内容）： 新颖，独特；告别旧我，迎接新我；产生此想法的原因、思考点、角度	点评（对创新的看法）：
提交人：	部门：

图 1-7 "每日一创新"看板示例

七、人人有特长——塑造技能型员工

塑造技能型员工，即发现每一名班组成员的优点，在班组内推广、传播和复制。

1. 实施价值

人人有特长，人人是老师。找准己优，加以发挥；学习他人，加以完善，使得团队中人人有特长，形成功能互补的能力完善体系，成就最优化团队。

在现代社会里，特长是人的竞争力之本，没有特长的人是缺乏竞争力的。班组缺乏特长员工，就无法成为优秀班组。班组长的一个优秀特质就是要用人之长，发现并发挥每个员工的特长，使人才资本最大化。及时发现员工特长，表彰和利用好这种特长，也是对员工最有效的激励方式之一。

2. 实施指导

培养特长员工，要从发现开始。在班组内开展"寻找特长员工"的活动，大家相互评价、推举，找出每个人的特长和优势。

设置人人有特长的透明化看板，由班组成员轮值更新，这会促使员工自动自发，在日常工作中主动去寻找、发现他人的特长。

发现了特长员工，要及时利用透明化看板展示出来，并对特长员工进行嘉许。

通过分享特长员工的历练经验，实现以点带面，大家共同进步。

3. 看板示例

图 1-8 是"人人有特长"看板示例。

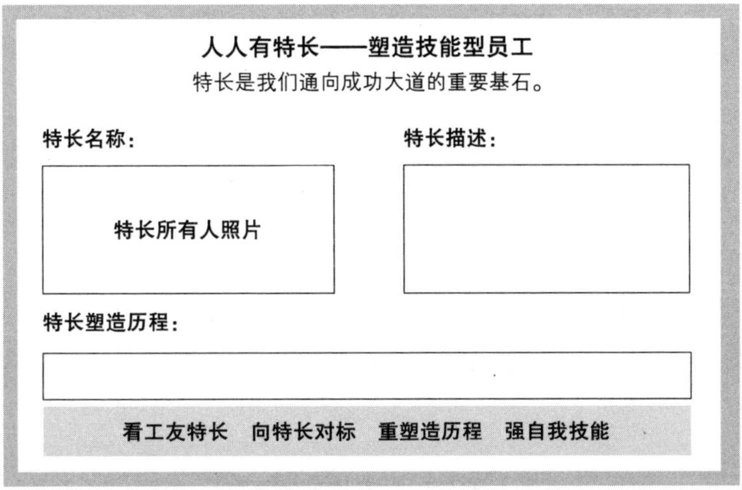

人人有特长——塑造技能型员工

特长是我们通向成功大道的重要基石。

特长名称：

特长所有人照片

特长描述：

特长塑造历程：

看工友特长　向特长对标　重塑造历程　强自我技能

图 1-8　"人人有特长"看板示例

八、人人有绝活——塑造金牌型员工

塑造金牌型员工，就是要将有岗位绝活的员工树立为班组学习的标杆，激发更多的班组成员通过学习，拥有一手岗位绝活。

1. 实施价值

挖掘、解析岗位绝活案例，树立绝活学习标杆，推出岗位金牌员工。

既对身怀绝技的金牌员工进行嘉许，又要激励更多的员工去练就自己的绝活。

2. 实施指导

每月进行一次"人人有绝活，××绝活展示"活动。展示的内容可以根据班组成员岗位技能的要求，每月规划一个主题。通过这样的活动，对金牌员工进行表彰，让金牌员工分享、传授自己的经验，实现以点带面，共同进步。

梳理绝活背后的成功要素，变成他人可以遵循与学习的规范，从而影响、带动更多的人。

3. 看板示例

图1-9是"人人有绝活"看板示例。

人人有绝活——塑造金牌型员工

每个员工都可以做到与众不同，每个人都可以在自己岗位上练就绝活，成为标杆！向标杆学习，做金牌员工。

绝活名称			
绝活员工	照片	姓名	
		部门	
		岗位	
绝活阐释			
绝活案例			
绝活评价	自我解析		
	团队解析		
提案日期		提案人	

图1-9 "人人有绝活"看板示例

九、人人都比试——打造员工竞争力

打造员工竞争力，就是要在班组内开展各种岗位竞赛活动，形成班组良性的竞争环境，促进班组成员素质全面提升。

1. 实施价值

鲇鱼效应的运用——引入竞争机制，能够使竞争具有持续性和创造性。

营造良性竞争平台，使优者更优，避免员工自满情绪的滋长。

促使有特长与绝活的员工全面提升素质，使他们的专长发挥得更加充分。

2. 实施指导

结合班组中存在的问题或者班组成员能力上的不足，有针对性地开展班组竞赛活动。例如，班组成员在某项技术上比较欠缺，可以针对该项技术策划一次竞赛活动，将班组成员分成两组，以团队的形式进行比赛，以此激发班组成员主动学习的热情。

比试要公开化、透明化、民主化，避免恶性竞争，所以，规则要大家定，结果要大家评。

定期进行比试（以月为单位）。

比试出实效，比试造氛围。

3. 看板示例

图1-10是"人人都比试"看板示例。

```
┌─────────────────────────────────────────┐
│      人人都比试——打造员工竞争力          │
│       每个人进步一点点，公司将成长一大步。  │
│  竞赛主题：                              │
│   ┌───────────────────────────────┐    │
│   │                               │    │
│   │           竞赛展示             │    │
│   │                               │    │
│   └───────────────────────────────┘    │
└─────────────────────────────────────────┘
```

图1-10 "人人都比试"看板示例

案例

班组成员素质参差不齐，检修水平有高有低，水平差的人会拖整个班组的后腿。针对这一情况，为了提高班组成员的检修技能，某发电厂的杨光班组长采用以下方法：以组为单位，进行技能考试，两组PK，并且设置了奖励制度，对于优胜组给予表扬和奖金激励。考试题包括理论和实际操作两部分，全部为日常工作中的多发、易发以及重点问题。这样一来，大家不仅通过测试学到了技能，而且为了本组的荣誉，落后者也会奋起直追。由此，两组员工的学习热情都比以前大大提升，学习效果很明显。

上述案例里杨班组长的做法给我们的启示是：第一，物质奖励有时并不能解决一切问题，需要采取其他的激励方法，如精神激励、集体荣誉感激励等；第二，竞赛机制是调动人的潜能和积极性的一种有效方法。

十、人人是教练——塑造技能同化力

以同事为师，即让班组标杆将自己的经验及心得与班组的其他成员分享，带动全员学习，促进全员提高。

1. 实施价值

个人成就不是真正的成就，只有在成就自己的同时成就别人，才是真正的成就。

标杆作为教练，应该将自己的成功经验、技能以及心得体会与大家分享，在分享的过程中帮助同事提升技能。

2. 实施指导

在内部分享（如早、晚会）过程中一旦发现员工有好的工作方法，及时组织大家进行研讨，总结归纳成功要素并予以完善，从而达到全体员工顺畅沟通、学习、提高的目的。

在公司的宣讲栏（或类似平台）上，宣传、表彰优秀员工的事迹。

3. 看板示例

图1-11是"人人是教练"看板示例。

```
┌─────────────────────────────────────────┐
│         人人是教练——塑造技能同化力          │
│          以同事为师，以实践为师。           │
│              ┌─────────┐                │
│              │  教练照片  │                │
│              └─────────┘                │
│   ┌─────────────────────────────────┐   │
│   │ 成功经验、技能、心得分享：          │   │
│   │                                 │   │
│   │                                 │   │
│   │                      提案人：     │   │
│   └─────────────────────────────────┘   │
└─────────────────────────────────────────┘
```

图 1-11 "人人是教练"看板示例

第二章

文化型班组建设

企业文化体现了企业的凝聚力和战斗力，也是企业展示自己精神面貌的重要窗口。企业文化学的奠基人之一劳伦斯·米勒曾说："谁拥有文化优势，谁就拥有竞争优势、效益优势和发展优势。"权威机构针对世界500强企业的调查表明：它们之所以能够成功，其中很重要的一条是因为它们都有非常优秀的企业文化。这些企业在技术创新、体制创新等方面所取得的成就，归根结底，是因为其有独特的企业文化。

第一节　文化到班组，员工创文化

> 文化型班组建设的意义就在于塑造出最有利于企业和班组发展的价值观、思维模式、行为逻辑、精神士气、形象面貌等，形成一个强有力的"磁场"。

企业文化建设的口号已经被喊了许多年，但是最终被企业束之高阁或抛在脑后的比比皆是，企业文化成了一些企业装饰自己的一件漂亮外衣，无法真正为企业创造出价值。

如何解决这一难题？加强班组文化建设！班组文化是企业文化的根基，企业文化建设要重点抓好班组文化建设，让员工成为企业文化建设的主体。

一、文化管理是最根本的管理

什么是企业文化？也许一百个人有一百个答案。

不同的职业有不同的文化。销售职业就赋予了销售人员外向、热情、善于交际的特点，研发部门赋予了研发人员思维缜密、逻辑清晰、办事严谨的特点。

不同的企业有不同的文化。对于企业文化，我们的观点是：

- 文化是一个从习惯与传统中反映出来的共同的价值观、思维方式和物化成果。
- 文化是一种约定俗成的习惯和行为方式，人人都会自觉或不自觉地遵守。
- 文化是一种准则，对什么是对的、什么是错的、我应该怎么做、你应该怎么做等，做出基本判断。
- 文化是一种氛围、一种环境，只要你进入了这种氛围和环境，你的思维、行为就会被影响、被同化。
- 文化没有强制性，却具有滴水穿石之力。
- 文化管理是一种"学不知，观不见，用在不知中，成在无形处"的管理方式。
- 文化管理是管人的精神、价值观、心智和思维。

我们每个人都生活在一个人际关系网络中，我们的行为都受到周围环境约定俗成的价值观、想法和行为方式的影响。个人的价值观是受周边环境的共同价值观影响甚至控制的，这就是文化的威力所在。

文化型班组建设的意义就在于塑造出最有利于企业和班组发展

的价值观、思维模式、行为逻辑、精神士气、形象面貌等，形成一个强有力的"磁场"，进而影响、同化、塑造每一个班组成员，形成上下一心、团结一致的班组凝聚力。

在文化型班组模式下，人人都是管理者。当班组成员的行为与班组共同遵守的价值观一致时，大家会给他一个赞美的眼神，他就获得了大家的赞许和认同，他的行为就会因此而固化；当班组成员的行为与班组共同的价值观不符时，大家都会排斥他，他在感到痛苦的同时，也会调整他的思维方式和行为方式，以期获得众人的认同。

曾有学者指出，文化优，则人心齐，国力强。这一条对企业同样适用，企业文化优秀，则企业蓬勃发展；企业文化薄弱，则企业竞争力不强。企业要发展，必先调动人的积极性；而调动人的积极性，必先振奋人的精神；要使人精神饱满，必须有先进的企业文化。这已经成为所有成功企业一致认同的观点。

在国外，构建强势企业文化，用文化管理模式来引领企业管理，已经成为许多优秀企业的自觉行动。知名管理学家罗伯特·海勒曾经说过类似的话，卓越的百年企业的管理模式几乎一致——企业管理模式近似于宗教。这里所说的宗教，就是企业文化。成功的企业文化对员工所产生的凝聚力和教化力，使员工对企业无比忠诚，愿意为之奋斗。

竞争力的核心差异之一是企业、班组文化的不同，企业文化的优劣是影响现代企业成败的重要因素之一！

二、企业文化根基在班组

企业文化的具体内涵体现在什么地方？企业的文化手册、口号、宣传语吗？不是，这些东西只是表象。是看企业领导的言行吗？也不是，这只能代表企业少数人的文化，却代表不了整个企业共同的价值观。

企业文化建设普遍存在一个突出的问题——文化建设形式化、标语化、口号化、活动化。文化只是一件漂亮的外衣，看起来很美，实际上往往华而不实。为什么会出现这种情况？是因为多数企业的文化建设是一个"自上而下"的推动过程，所谓的企业文化，只是企业最高领导者意志的反映，企业文化建设脱离了班组基础。

我们认为，精神文化的第一阵地在班组，只有活跃的班组文化才是企业文化具体而生动的体现，游离于班组的企业文化，就如同空中楼阁。企业文化是在班组中孕育、发芽、成长、壮大起来的，体现在班组的精神面貌上，班组文化可以说是企业最真实、最具价值的文化。只有班组这个"细胞"具有旺盛的生命力和勃勃生机，企业这个"肌体"才会充满活力。

总之，企业文化源自基层，企业文化的落脚点只有一个地方，那就是员工的精神家园、乐业福田——班组。离开班组，企业文化就失去了发展的土壤。因此企业文化建设必须坚持"从群众中来，到群众中去"的原则，从建设文化型班组开始，提炼班组中的文化要素、思维方式和行为风格，并反哺班组，建立班组文化的良性循环系统。

三、文化型班组的特征

概括而言，我们认为一个文化型班组应该具备以下特征。

1. 统一的认知

俗话说，"人心齐，泰山移"，"一根筷子容易折，十根筷子折不断"，由此可见集体力量的强大。在文化型班组里，班组成员拥有统一的愿景、使命、宗旨、价值观和行为模式，整个班组目标和行动一致，全体成员齐心协力，有极强的执行力。

2. 班组长是引领者

班组长是班组文化的第一导师。班组长既是班组文化的第一示范者，也是班组文化建设的组织者、引导者、规范者和激励者，在班组文化建设中起着举足轻重的作用。

3. 人人创文化

班组文化的建设不是班组长一个人的事，班组文化也不是班组长独自琢磨出的一套文化理念和班组手册。班组文化的创建需要班组成员人人参与，共同讨论和提炼。对这样创建出的班组文化，大家才会认同，才会自觉地去遵守、维护。

很多企业文化之所以落不到实处，就是因为员工感觉企业文化是企业强加给自己的理念，是束缚人的紧箍咒，而不愿意去遵守和执行。

4. 全员班组管理

人本管理和自主管理是文化型班组的显著特征。在文化型班组里，每个员工都会获得充分的尊重，其潜能因此也会最大限度地发挥出来。文化型班组真正实现了"人人创文化，人人都思考，人人都管理，人人都创标"这一理念。

5. 透明化文化管理平台

透明化文化管理平台是文化型班组的一个目视表现系统。这个目视表现系统体现了班组的核心文化理念和主要管理方法，是塑造班组文化氛围的有效手段，对班组成员培育共同的文化价值观起着潜移默化的作用。

第二节 班组文化建设的两大系统

> 班组文化包括两大系统，建设好两大系统，就是让班组成员形成统一的认知，并最终内化为班组成员的具体行为。

班组文化建设旨在让班组成员形成统一的认知，并最终内化为班组成员的具体行为。班组文化理念系统建设主要阐明以下问题：班组的追求是什么？目标是什么？根本方法是什么？具体策略是什么？什么样的行为是对的？什么样的行为是错的？

我们将班组文化划分为两大系统：一是主文化系统，包括班组的使命、目标、宗旨、口号等，它是一种方向性指引；二是子文化系统，涉及班组具体细化的工作，是对班组行为的规范和指引。

一、班组主文化——使命、目标、宗旨、口号

1. 班组使命

你可能会问："班组不就是一个执行单位，还需要使命吗？"当然。每一个人都需要使命，更何况班组这个集体呢。我们先来看下面这个故事。

商学院的一名教授去各地调研，在伦敦郊区看到很多工人在盖一座房子。他找了三个瓦工，分别问他们同样的问题：你为何工作？三个瓦工有三种回答。第一个瓦工说工作是为了养家糊口，自己干多少活，就希望拿多少钱；第二个瓦工说，他把工作当成练手艺，手艺高了就会赚更多的钱；第三个瓦工说，他想亲手建造一座全欧洲最伟大的建筑。27年后，教授又找到了这三个瓦工，发现他们三人身处截然不同的境况：第一个瓦工，生活在社会的底层，依然靠盖房子为生；第二个瓦工，成为中产阶级，生活富裕；而第三个瓦工，已经成为全英国家喻户晓的建筑师了。

从这个故事中我们可以看出，一个人的使命感高低决定了其人生的高度、成就的大小。当你清楚了工作使命，厘清了为何而工作的时候，工作对你来说就有了特殊的意义。如果你的工作态度和第三个瓦工一样，你会视工作为一份荣誉，就不会迷失在单调和琐碎

的工作中，更不会因为遇到挑战和困难而随便放弃。

使命感在班组里最重要的一个作用，就是能让班组成员分辨出他是在谋生计还是做事业，这对班组工作的执行和结果具有决定性影响。班组长的一项重要任务就是引导班组成员准确寻找到工作的使命，进而凝结成班组的共同使命。

人如何找到自己的使命？其实并不难。一般来说，人做任何事，都要考虑做这件事情的价值，使命感就从这种思考中产生。有了使命感，人们就知道自己在做什么，以及这样做有什么意义。我们可以不断地问自己以下几个问题：

- 我为什么而工作？
- 我为谁而工作？
- 我的工作能对他人、企业、客户、社会产生什么积极意义？
- 我在工作中肩负了什么样的责任？
- 我想从工作中获得什么？
- 我的追求是什么？

需要注意的是，班组使命应该具有一定的高度，不应该是肤浅的、零星的，而应是经班组成员系统思考后凝练成的共同认知。

2. 班组目标

班组目标是使命的具体化，能起到凝心聚力、催人奋进的作用。制定班组目标应注意以下两点：一是目标要与班组工作的具体要求相统一；二是目标要高于现有水平，以起到激励的作用。

以下是三个班组的目标：

- 零事故、零违章、零意外，保障机组安全稳定运行——沙 A

电厂热控四班。这一目标体现了电力行业以安全稳定为第一位的特点，与班组工作要求紧密相扣。

• 勇于争新，力争五星——沙A电厂墨辊班。这一目标很有号召力，发挥鼓舞士气的作用。

• 树服务之星，做移动之星——某移动通信公司客户服务中心综援室。这一目标将班组工作的特点与班组工作的要求很好地结合起来。

3. 班组宗旨

班组宗旨阐明班组应该怎样做正确的事，如奉行什么原则、通过什么途径、采用什么方法等。

宗旨由使命规定，体现使命的要求。宗旨坚定了员工对于使命的信仰和追求，为员工如何不断实现使命指出正确的方向，对实现使命充满信心。

4. 班组口号

班组口号是班组的一句话宣言，它是班组智慧、意志与目标的高度概括和集中体现。班组口号告诉公众此班组是干什么的，与彼班组的区别在哪里。好的班组口号不仅能够增强班组成员的积极性、进取心与责任感，还能强化班组成员正向的经营观念和行为准则，鼓励全体班组成员共同去塑造良好的班组形象。

那么，如何设计班组口号呢？有三点需要特别注意：

一是要体现人本思想。班组口号的鼓励对象是班组成员，它是为达到一定的目的、实现某项任务而提出的，对班组成员起着激励以及约束的作用，因此必须符合人本思想。我们常常在某些企业班组内看到这样一些口号："今天工作不努力，明天努力找工作""企业的利益高于一切，争分夺秒创效益"等。乍一看，它们好像没什么问题，然而我们细品这些口号，就会发现，它们只是单方面地站在企业管理者的角度提出的，看似是为了提醒员工"努力工作""保住饭碗""创造效益"，实际上却蕴含着对员工生存权的蔑视，与"人本管理"思想相冲突。

二是要体现班组文化、理念。班组口号是班组文化的标签，是班组文化的升华和提炼，因此，班组口号必须体现班组的风格、理念、工作方针和核心文化。

三是朗朗上口。班组口号要求文字简洁、朗朗上口、亲切感人，只有这样，它才能在班组内被大家认同，才能激励班组成员为实现班组目标而努力。

某银行支行的口号是："我勤行兴，我优行荣，我学行强，我强行盛。"该口号将"我"与"行"紧密联系起来，使得每个人都认识到了肩上的责任和使命，催人奋进。

某移动通信客服中心话务三室D3组的口号是："飞跃青春，活力四射！信心服务，你我做起！"该口号强调了班组员工的精神面貌，振奋人心，同时又让每个人意识到自身与班组目标之间的关系，增强了员工的责任感。

某移动通信客服中心综援室的班组口号是："真诚沟通创和谐，服务先锋我第一。"该口号朗朗上口，易读、易记。在内容上，同时体现了工作的宗旨（真诚沟通、服务先锋）和目标（和谐、先锋），与实际工作紧密结合；"我第一"的激励作用非常明显。

> **案例**

蒙牛创始人牛根生演讲有两个显著特点：鼓动性和感染力。每次开会，他都能即兴喊出各种非常具有影响力的口号，在潜移默化中规范着员工的思想和行为。

例如，他们的厂区口号是"讲奉献，但不追求清贫；讲学习，但不注重形式；讲党性，但不排除个性；讲原则，但不脱离实际；讲公司利益，但不忘记国家和员工利益"，财务部门的口号是"现金为王"，销售部门的口号是"老市场寸土不让，新市场寸土必争"，班组车间的口号则是"产品等于人品，质量就是生命"等。

二、班组子文化——实现班组主文化的途径和方法

班组的子文化系统把班组的使命、目标、宗旨、口号深化到执行层面上，是对班组理念、行为规范的具体指引，为班组成员"应该怎么想问题，怎么看问题，怎么做，怎么做是对的，怎么做才是高效的"指明方向。

根据班组的日常核心工作内容，子文化可以深入、细化到班组的具体工作中。例如，子文化可以包含以下具体内容：我们的管理文化、我们的用人文化、我们的激励文化、我们的会议文化、我们的执行文化、我们的质量文化、我们的安全文化、我们的成本文化、我们的服务文化、我们的营销文化、我们的效率文化、我们的学习文化、我们的速度文化、我们的精细文化、我们的感恩文化、我们

的激情文化、我们的挫折文化、我们的创新文化、我们的分享文化、我们的竞争文化、我们的成功文化、我们的快乐文化、我们的批评文化、我们的改善文化。

对于某移动通信分公司客户服务中心话务一室A3组来说，他们的班组子文化是——

- 我们的质量理念：质量优先，兼顾效率。
- 我们的学习理念：学以致用。
- 我们的生活理念：坚强、乐观、向上。
- 我们的职业理念：干一行，爱一行。
- 我们的团队理念：大家好才是真的好。
- 我们的心智理念：积极、主动、超前。
- 我们的速度理念：与时间赛跑。
- 我们的激情理念：Just Do It（立即做）。
- 我们的品格理念：品格即命运，品格即习惯。
- 我们的服务理念：沟通100%，服务100%，满意100%。
- 我们的顾客理念：顾客就是上帝。
- 我们的挫折理念：吃一堑，长一智。
- 我们的分享理念：独乐乐不如众乐乐。
- 我们的竞争理念：有竞争才有进步。
- 我们的事业观：我选择，我喜欢。
- 我们的管理观：管理深处是执行，执行深处是人性。
- 我们的责任观：Do Our Best（要做就做到最好）。
- 我们的使命观：创无限通信世界，做信息社会栋梁。
- 我们的荣誉观：荣誉是塑造精神的工具。

- 我们的感恩观:"感恩"是一种回报,是一种生活态度。
- 我们的公平观:没有绝对的公平,只有相对的公平。
- 我们的习惯观:勿以善小而不为,勿以恶小而为之。

案例

管理文化:坚持以精细化管理为目标,追求各项业务规范化、节约化、效率化。

员工文化:坚持以人为本,打造一支充满活力、业务过硬、勇于创新的员工队伍。

营销文化:坚持以客户为中心的营销理念,将产品营销置于业务发展的首要位置。

执行文化:坚持强有力的执行力建设,为企业发展注入强大的动能,创造效率奇迹。

第三节 班组"文"如何"化"

规范班组使命、价值观等,使得它们真正内化为班组成员的素养和行为。

"文"是对班组使命、思维、价值观等的规范。"化"即"化育",

或者说是教育，指将使命、价值观、思维方式真正转化为班组成员的素养和行为，是"内化于心，外化于行"的过程。

一、导师化育法

班组长作为企业的兵头将尾，是班组文化的直接塑造者。班组文化与班组长自身的言行、管理风格有着直接的关系。

1. 班组长是班组文化的表率

班组内每个成员的价值观、思维方式不尽一致，那么，怎样让所有的班组成员都能够接受班组文化呢？班组长的作用是至关重要的。作为班组文化的表率，班组长的一言一行都对班组成员的行为产生直接影响。因此，班组长应成为企业文化的代言人，在日常管理和工作中倡导的理念必须与企业文化统一。如果班组长在日常工作中的所作所为与企业文化相悖，班组成员同样会效仿，不认同和不接受已有的班组文化。

优秀的班组长会恪尽职守，身先士卒，发挥榜样的力量，通过自己的示范，对班组成员的工作作风和工作热情产生积极的、正面的影响。

如果班组长凡事只动动嘴皮子，遇到困难就躲，见到功劳就抢，班组里还有谁会尽职尽责呢？如果班组长面对工作尽职尽责，遇到困难勇敢面对，将班组成就归于大家，做事求真务实，班组内也必定会形成良好的风气。所以，班组长应时刻注意自己的言行，经常扪心自问：自己是否真正起到了表率的作用？

> **案例**

中国石油抚顺石化公司石油三厂分子筛脱蜡车间的王海班组是全国著名的标杆班组。班组长王海管理的一条宝典就是"像带兵一样自律"。一次,个别工人在开车时工作散漫,王海说:"我是当过兵的,军营里讲纪律。今后在工作中你们要向我看齐,我迟到一分钟,你们可以一天不来;我打一个盹儿,你们可以趴下睡觉!"这句话很快就传开了,"向我看齐"成了王海的行动令,为此,他还戒掉抽了20年的烟。王海每天都是提前半个小时到车间,班组员工都向王海看齐,每天的上班时间还未到,就已开始了一天的巡检工作。

2. 班组文化是班组长的镜子

每个企业都有自己的文化,具体到企业的各个班组,每个班组也有体现班组特色的文化,而这在很大程度上又取决于班组长的管理风格。

可以说,有什么样的班组长就有什么样的班组文化。班组长鼓励什么样的行为,约束什么样的行为,赞赏什么样的行为,批评什么样的行为,支持什么样的行为,反对什么样的行为,都会对班组文化产生重要影响。而这一切又都是通过班组成员的行为体现出来的。所以说,班组文化通过班组成员的行为映射了班组长的所思所为,是班组长的一面镜子,班组长的个人性格和管理风格都可以通过这面镜子反映出来。

如果班组长头脑清晰,班组成员责权明确,大家在工作中便会同心协力；反之，班组成员之间就会相互推诿。如果班组长能够慧眼识人、关心人、尊重人、激励人，班组成员就会备受鼓舞，士气高涨；反之，班组成员必定消极被动。如果班组长乐于分享，班组内就会形成相互学习、相互交流的良好氛围；反之，则会封闭保守，各自守着自己的"自留地"。

总之，班组长的管理风格和班组文化是相辅相成的，要引导、建设什么样的班组文化，就要有什么样的管理方式。

3. 班组长是班组文化的推手

班组长是班组文化建设的组织者和指导者。班组长要塑造班组的良好文化，必须结合班组的实际。当班组成员的行为符合班组文化的要求时，班组长要及时公开地给予激励和嘉许，让这种好的作风感染其他员工；当班组成员的行为与文化理念不符时，班组长要及时引导和纠偏。

班组长要懂得善于运用班组的人、班组的事，以讲故事、说案例、开讨论会的形式，将班组文化建设工作日常化。

二、管理塑造文化

如何将班组的文化理念落实到员工的具体行动上？单纯地靠喊口号、搞活动、做姿态，起不到什么作用。

班组文化建设要求班组长将管理风格、班组制度、班组流程、班组管理方法等有机地整合在一起，将企业文化理念转化、分解、细化为可执行的任务目标或具体的规范和标准，将核心价值理念融入具体的班组管理制度和流程建设中，将核心文化融入班组的日常管理活动中。

1. 管理即文化，文化即管理

要将班组文化落到实处，必须建立起与之相适应的一套管理模式。管理模式既包括管理者的管理理念、风格，也包括企业的管理制度、考核制度和管理流程等。可以说，班组管理模式与班组管理文化相伴相生，相互影响，相互促进。

班组文化不是喊出来的，而是通过在班组内构建一套适宜的管理模式、方法孕育出来的。例如，企业要想实现创新文化，必须有鼓励创新的奖赏机制，有容许失败的宽容氛围，有创新成果的评选机构、展示平台等。

2. 工场即道场，工作即修行

我们研发的"工场即道场，工作即修行"的道场管理模式，经过实践检验，被证明能够孕育出员工的尽职尽责文化、团队协作文化、创新文化、学习文化、反思文化和速度文化。

道场管理模式的特点在于人本激活、正向激励，而不是通过制度、考核等强制性手段。道场管理模式整合了荣誉模式、评议模式、责任模式、分享模式、轮值模式、透明化模式、案例管理模式、承诺与行动模式、日清模式等，并将这些管理模式渗透于日常的管理行为中。

在我们的团队里，只要你为团队做出了一点贡献，帮助了任何一个人，哪怕只是一件看似微不足道的事情，团队成员都会嘉许你、感谢你。

例如，在我们的看板管理中，有"人人有特长""人人有绝活""人人是导师""人人是教练""人人有激情"等板块，每周由员工更新，有效引导公司内的每名员工去发现别人的长处和优势，并对他们进行公开的嘉许和激励。

在例行的班晚会上，我们也会评选出每日一星，对其进行嘉奖。班组成员经常可以听到这样的话："××是我们的部门之星，因为……""我今天要特别感谢××，因为……"

到了月底，我们会有各种"月度之星"的评选活动，由部门推举，推荐人讲述被推荐人的相关事迹、评选理由等，然后由全员投票产生，这表明了我们的团队成员对于事业的认同度和信心度，由此形成高涨的敬业精神和团队士气。

正是在这样的人本管理和分享机制下，大家相互认同、相互帮助，在互动分享的过程中被感动、被激励、被改变、被提升。所以说，真正的班组文化建设不能仅仅停留于出一套手册、挂一些标语、组织一些文娱活动等浅层次活动上，必须与班组的管理理念、管理模式等紧密结合，使其与日常管理融为一体。

三、案例化育法

案例化育法是使班组文化大道至简的方法，是人人可用、人人会用的大众化工具。那么什么是案例化育法呢？

1. 认识案例化育法

很多班组在推广班组文化的过程中，喜欢采用灌输的方式——讲理论，但效果并不好。因为大多数员工都不愿意接受空洞、枯燥的理论，只愿意接受鲜活、生动的实战案例，所以，要使员工形成正确的理念、思维方式和心智，最好的方法是应用案例和故事去启发他们。

简而言之，通过给员工讲故事或讲案例，让他们对故事或案例进行思考、判断、分析，将案例的精髓、思维方式、方法总结出来，形成自己的行为模式。以事说人，以事说理，以故事讲文化、讲理念、讲思想、讲哲学，这是大师成就他人的方法，也是成就大师的良好工具。

在这种基于实践的互动、分享、讨论、激励的过程中，班组成员会形成一种共同的价值观、思维模式和行为逻辑。我们经常对接受培训的班组长们这样说："表扬我一次，我会激动三个月；让我演说一次，我会激动三年。"可见互动、分享、讨论、激励的重要性。

2. 案例化育法的应用

将案例化育法运用到班组文化建设中，并经常、长期地使用，文化化育的目标就可以达成。班组文化其实就是通过班组成员不断地讲故事、听故事，把故事中的精神、价值观、思维方式、基本理念、行为模式等潜移默化地内化到班组成员心中形成的。

案例

青岛港务局通过"每天两三事，每天两三讲；讲身边的人，讲身边的事"，讲出了几百个许振超式的"教育成果"。全国劳动模范许振超只上过一年多的初中，可他凭着勤学苦练，练就了一身绝活，如"无声响操作""一钩准""二次停钩""无故障运行"等。采用许振超的"无声响操作"后，偌大的集装箱放入船上或车中，居然做到了动作轻得没有一点响声。通过大力宣传许振超的事迹，青岛港务局造就了一批许振超式的岗位能手。

我们深信文化化育工作就是在班组工作中养成良好的行为习惯和思维习惯的过程。通过"每天两三讲，每天两三议"，将工作中的成功经验描述出来，然后大家分析提炼出成功的思维模式、方法以及背后体现的精神、价值观和信念，这是发现和认可被分析对象的过程。在这个过程中，员工的潜能会被激发出来，产生无限的快乐，其他人也会在这个过程中被影响、被同化。

案例化育法能快速形成文化力、育人力、凝聚力、行动力和精神力。班组长如果不会用案例化育法去沟通、阐释和解决问题，不懂得让员工亲自参与案例、故事的分析和判断，就无法真正使得班组文化深入人心。

四、标杆化育法

"树典型、抓标杆"是中国人最熟悉的文化教育方法之一，例如雷锋、"铁人"王进喜、"新时期中国产业工人的楷模"许振超等都是不同时代的标杆人物。同样，企业和班组也需要身边看得见、摸得着的标杆人物。标杆人物是企业、班组文化的代言人，用他们的榜样力量去感染员工，能让班组文化建设更加生动、真实、有效。

标杆化育法的特点是"人人是标杆，人人是榜样"，变少数人的精英文化为精英大众化。因为班组内每个人都有自己的优势和特点，"精英大众化"便于发现每个人的价值，认同基于班组共同价值的个人价值，激发每个人的潜能。标杆化育法要求在班组内部构建一套发现和塑造精英大众的管理平台和管理机制，本书简单列举其中的两个工具。

工具一：我们的精神家园——班组之星

在"我们的精神家园"（见图 2-1）里共设置八颗星，每月底由大家投票选出这八颗星，并对上榜的人物进行精神和物质激励。这样的"精神家园"看板便是标杆化育法的具体运用，是将评议机制、荣誉机制、分享机制、激励机制融于一体的操作平台。"精神家园"让每一个有能力、有特长的人都有被认可和发光发热的机会，是塑造精英大众的舞台，可以使人人对标、人人成长。

图 2-1　我们的精神家园

工具二：人人是导师、人人是教练、人人有激情

图 2-2 是"人人是导师""人人是教练""人人有激情"看板示例。

人人是导师——塑造精神同化力
案例展示：
评价：

```
┌─────────────────────────────────────────────────┐
│          人人是教练——塑造技能同化力              │
│            以同事为师，以实践为师。              │
│              ┌──────────┐                       │
│              │  教练照片  │                       │
│              └──────────┘                       │
│   ┌─────────────────────────────────────────┐   │
│   │ 成功经验、技能、心得分享：                │   │
│   │                                         │   │
│   │                                         │   │
│   │                              提案人：    │   │
│   └─────────────────────────────────────────┘   │
└─────────────────────────────────────────────────┘

┌─────────────────────────────────────────────────┐
│          人人有激情——塑造士气同化力              │
│     留住欢声笑语、精彩一刻——激情工作，快乐生活。 │
│   ┌─────────────────────────────────────────┐   │
│   │ 照片展示：                                │   │
│   │                                         │   │
│   │ 文字说明：                                │   │
│   │ 同人感悟：                                │   │
│   └─────────────────────────────────────────┘   │
└─────────────────────────────────────────────────┘
```

图 2-2　"人人是导师""人人是教练""人人有激情"看板示例

以上三块看板示例分别从精神、技能、士气三个方面来塑造标杆人物，这些标杆是由大家发现并推荐的，群众基础好，更有影响力。

第四节　文化型班组建设实例

> 班组文化建设必须理念先行，以人为本，建章立制，构建平台，活动造势。

我们曾为某移动通信公司客服中心提供了"活力100四型班组建设咨询式内训"服务。在效果转化阶段，客服中心年轻的班组长们充分吸收消化了培训传授的班组建设精髓，将所学知识运用于班组管理实践。在客服中心领导、人力资源部以及内训项目组的共同组织和推动下，客服中心创建了具有自己特色的班组管理模式。在这一模式的创建过程中，客服中心的班组长以及班组成员们以高涨的班组建设热情，极强的"学以致用、学以致变"的知识运用能力，优异的创新能力、策划能力和设计能力，取得了显著成效。

下面讲述的便是在这次内训中成为标杆班组的B班组是如何创建自己的班组文化的。

B班组文化的创建遵循"人人参与、人人创建"的原则，通过召开班组全员动员会，激发起班组成员参与班组建设的热情。首先，就"活力100四型班组建设咨询式内训"的意义、目的、主要内容、方法与大家进行沟通；其次，请全体班组成员针对这次班组建设活动提出自己的想法和建议，并积极采纳其中的合理建议。所以，无论是班组文化的提炼、管理模式的再造，还是制度的拟定、班组文化墙的设计和制作、班组文化活动的策划，都真正实现了全员参与、全员创新，完全符合文化型班组建设的特征。

只有在这一过程中班组成员表现出极大的参与热情，各种创意和点子才会层出不穷地涌现出来，真正营造出人人创建班组文化的良好气氛。也正是班组成员的全体参与，才保障了班组文化的实效性和可行性。

B班组的文化建设并不是班组理念的简单提炼，而是一个系统化的工程，具体包括以下几个方面。

一、班组理念重塑

班组文化建设，须理念先行。班组文化理念提炼的过程也是全员参与的过程。首先B班组长就如何提炼班组的文化理念系统对大家进行了辅导；然后大家根据公司的目标、文化，结合自身工作的特点，共同提出班组的文化理念草案；最后经过筛选、提升，提炼出班组的文化理念。如图2-3所示。

■ 班组使命——炼好100，成就卓越
■ 班组宗旨——要做就做到最好
■ 班组愿景——超越巅峰无极限
■ 班组口号——激发潜能，超越自我
■ 班组哲学——无为而无不为
■ 班组目标——打造自主管理创新团队
■ 班组价值观——积极、主动、超前
■ 班组精神——无所畏惧，勇往直前

图2-3 重塑班组理念

二、人本管理模式再造

文化管理的核心是以人为本，B班组长据此对自己的班组管理方式进行了优化，引入了更多人本管理的内容。

1. 全员管理

B班组长将整个班组分为三个队，并任命了三个队长，每个队有不同的分工和自己的口号。每月由各队制订本月的工作计划并告知全体队员，每周对队员执行工作计划的情况进行检查、讨论及效果评估。这样就将原本的"一人管班组"变成了"千斤重担人人挑，人人都是管理者"，同时，还有利于三个队在竞争、合作中共同提升。例如，在质量管理方面，三个队各负责一个质量攻关主题，在队长的带领下，集中队员的智慧来提升质量，如表2-1所示。

表2-1 各小组质量攻关主题及人员分工

队名	攻克主题	队长	队员					
超载队	如何提升每小时接电话量	李文	黄明月	吴翠翠	萧朗	张明月	林小鹿	王姗姗
飞跃队	如何持续保持服务质量水平及不断提升客户满意度	张亮	林小凡	黄依	钟小童	陈晓明	林放	欧晓芹
飞鹰队	如何在保证接通量的情况下开展在线营销	李明	张三	罗小小	李佳佳	周游	罗南	

2."服务明星"评选

在班组内开展"服务明星"评选活动，进行每日、每周、每月的CALL王、满意之星、质量之星等7个项目的评比（见图2-4）。通过评比，发现标杆，表彰标杆，激励标杆，并通过以点带面的影响作用，引导班组成员向标杆看齐，向标杆学习，最终提升全员的能力。

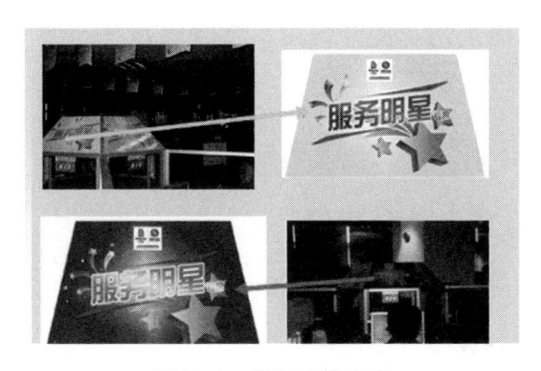

图2-4 服务明星坐席

3.活力早例会模式

对于服务中心的员工来说，每天需要处理众多客户的查询、投诉、抱怨，保持愉快、轻松的心情至关重要。因此，B班组长根据本班组的实际，对班早会形式进行了改革，使得班早会充满了活力，成为快乐班早会。用即时激励、互动游戏、绕口令等来提高员工士气，如每人说出昨天最开心的一件事、做纸杯传情游戏等。这样，每一名员工都带着愉快的心情开始一天的工作，效率就会很高。

三、班组规章制度建设

B 班组长带领全体班组成员进行了班组管理方法和制度的革新与再造,包括例会管理、计划管理、质量管理、创新管理、学习管理、文化管理、沟通管理、激励管理、财务管理、现场管理、制度管理等,并汇编成班组工作手册。

所有的管理方法都由班组成员共同讨论,共同拟定,内容翔实,可操作性强,对规范、提升班组日常管理水平起到了良好的促进作用。

四、班组文化平台建设

1. 文化墙建设

文化墙上张贴着本班组内各小组的口号、形象以及近期举办的活动消息、工作项目等内容,做到定期更新。

B 班组长鼓励班组成员积极参与班组文化墙建设,为此在班组内开展了文化墙建设 PK 赛活动,将班组成员分成两组,分别制作班组文化墙。文化墙是班组文化落地生根的地方,不但为员工的创作提供平台,还可以陶冶员工的情操,提高员工对班组的归属感。

2. 班组文化博客

文化博客是班组文化建设阵地之一,各组在博客上传全组成员的集体照和个人照,并附个人简介,要求班组成员每月应至少发表博文 3 篇。

3. 文化征文比赛

对参加公司征文比赛或者在公司文化建设活动中发表了文章，并得到奖项的组员给予积分奖励和适当的物质鼓励，形成班组文化建设的激励氛围。

五、活动造势，扩大影响

为了更好地将文化型班组创建到位，B 班组长还联合话务室的其他班组，发起了两项非常具有代表性和震撼力的活动："百分班组动感 Energy"项目以及"开往春天的列车"项目。这两大项目涵盖了技能培训、技能竞赛、拓展活动、文娱活动、体育竞技、文化建设等内容，不仅提升了班组成员的业务技能，而且大大增强了班组成员的团队协作力、荣誉感以及归属感，也为班组成员释放工作压力、丰富业余生活提供了很好的机会。

"百分班组动感 Energy"活动的组织者、策划者、执行者以及参与者都是话务二室的员工。项目启动之际，话务室经理陈维高度重视，号召话务二室全体员工积极参与，体验活力，感受激情。确定每月一个活动主题，让员工总有惊喜等待，处处迎来收获。例如，体育比赛类的活动有篮球赛、羽毛球赛、登山寻宝活动等，自我提升类的活动有"我的地盘听我讲"演讲比赛、"飞得更高"辩论赛等，拓展类的活动有"活力、动力、凝聚力——团队拓展活动"，文化建设类的活动有"全员参与纸鹤传情活动""想创就创——班组文化墙

PK 赛"等。

"开往春天的列车"项目则以提升员工技能的活动为主，激发员工主动学习业务的热情，提高员工解决业务问题的能力和综合应对能力，从而持续稳定地提高客户满意度。"开往春天的列车"总共有五站，分别对应五个活动，逐月推进，全员参与，共同提升。活动的具体内容如表 2-2 所示。

表 2-2 "开往春天的列车"活动计划

站点	子项目名称	子项目背景	子项目主要内容	预期效果	举办月份
同甘共苦的第一站	最佳引导语评选活动	提高对 IVR（交互式语音应答）流程的熟悉程度，提高准确转接率，保证转 IVR 与人工服务满意度的同步提升	将信息传递给全体成员。内容是关于转接 IVR 和满意度兼得的处理经验，并将其发送到统一端口，由专人汇总后公布，全室员工试用。试用一个月后，再由全体员工根据对这些经验实施后的反馈意见进行投票，评选出最佳方案进行奖励	通过经验共享，让全体话务员在提高转接率的同时，也提高客户的满意度	6
靓丽风景的第二站	信息指令业务 PK 赛	提高一线员工信息指令业务的熟练程度，提高快速、准确解决问题的能力	整合动感地带、神州行、大众卡三个品牌业务的所有短信指令资料，预先发给全体前台代表复习，通过自愿报名、选拔等方式参与，选手通过自述、个人必答、抢答等环节进行比赛。设相应的奖品和奖项	通过全员参与，提高各班组的业务水平，营造良性竞争的氛围，增进同事间的友谊，构建自主创新型班组管理模式	7

（续表）

生动无比的第三站	挑战记忆和精英状元	为了迎接每个月的月考，轻松取得100分，提高整个话务二室的基础业务水平，评选出业务考试状元，鼓励更多的同事积极主动学习业务，为公司的发展贡献力量	稳中求进，取员工前3个月业务考试成绩作为选拔参加"业务考试精英赛"的条件。通过比赛，决出前20名精英，予以板报上墙宣传，并设相应的奖品、积分作为鼓励	掀起全体员工主动学习业务知识的热潮，打好坚实的业务基础，提高一次性解决问题的能力	8
热情洋溢的第四站	转训更精彩	进一步锻炼员工的表达能力，培养更多的一线兼职讲师，分享员工的培训经验，达到学以致用的效果	让有兴趣的员工选择自己最拿手的转训主题进行转训，参加竞选。评分规则是由被转训的员工进行多维度评分，主要参考培训室对讲师的培训标准。设相应的奖品和奖项	提供展现个人风采的舞台，让员工珍惜每一次的培训，做到培训经验共享	9
搭上幸福的列车	"藏经阁"小册子出版	善于总结才是最好的老师，把好的东西留给新同事，真正做到"文化到员工，管理到班组"	把上述几站中涌现出来的优秀案例、经验、心得等汇编成小册子	记录员工成长过程，让经验得以传承，提高工作效率	10—11

第三章
自主管理型班组建设

大家有没有见过这样的公司：员工的职位、工资甚至是上班时间，都由自己决定；在这个公司里既看不到秘书，也看不到审批账目的专职人员，公司甚至连营业计划都没有，这到底是不是公司呢？

案例

巴西的塞氏企业就是这样的一家公司，它位于巴西圣保罗市。里卡多·塞姆勒1984年开始担任董事长时，就为这个家族企业引入了自主管理理念。

第一，充分调动员工的积极性。里卡多·塞姆勒一直坚持这样的想法：成功管理的关键是淡化管理者的身份，只有让员工放手去干，公司才能赢得更多的利润。为此，公司的员工被分为几个工作小组，每个小组的工作目标由该小组自己制定，员工根据小组目标自然分工。每个小组内选举产生委员会，小组委员会决定各组的利润分配。

在这种管理制度下，组员可根据自身的能力和爱好选择工作组，做自己最擅长做的事情。员工一旦不满意在某个工作组的工作，有申请调换到其他工作组的权利。根据工作时间和工作量，员工甚至能够自主决定工资，但同时员工的工资都会张榜公布。如果有人将自己的薪水定得太高，而没有做出与之相对应的贡献，他就很有可能在6个月一次的员工委员会评定中，遭遇暂停6个月工资的处罚。

第二，每个员工都对公司经济效益负责。员工在充分享受个人自由的同时，也对公司的经济效益负有责任。公司制定了每个员工的最低工作质量标准，对员工工作实行问责制。若发现员工没有达到最低工作质量标准，该员工就会被辞退。此外，公司对部门经理级别的干部采取公开打分和评议制度，若分数不满 75 分就会被撤换，即使塞姆勒本人也必须遵守。

正如塞姆勒所说的那样，虽说人都是有惰性的，喜欢多赚钱少做事，但在他的公司这种现象绝对不会发生。如果员工的自由和尊严被高度重视，他们还会有不做好工作的理由吗？塞氏企业采取员工自主管理模式，放手让员工去做，充分调动了员工的积极性，让所有员工都能围绕企业目标充分发挥自己的潜能。这是值得我们借鉴的。

第一节　卓越班组的特征——员工自主管理

员工自主管理，就是要让员工真正参与到班组管理中，名副其实地"当家做主"。

《追求卓越》一书作者汤姆·彼得斯曾经说过，企业若不实施自主管理，终将遭淘汰。随着人的智力价值越来越凸显，以激发人的潜能、调动人的积极性、发挥人的特长、实现人的价值为核心特征的员工自主管理模式已越来越受到现代企业的重视。

一、为什么要建设自主管理型班组

班组长天天盯着现场，督促员工，班组仍然问题百出，效率低下，这样的班组是不合格的班组；在班组长的领导和监督下，班组成员能够尽职尽责地做好自己的本职工作，这样的班组是合格的班组；班组长不在班组现场时，班组成员在无人监督的情况下，仍能够积极主动，充分发挥自身的创造力和潜能，高标准地完成工作，这样的班组才是卓越班组。

自主管理是卓越班组的典型特征之一。在自主管理型班组中，每个人都自动自发地做好自己的事，对自己的工作负责，对自己和企业的发展负责。

在自主管理型班组中，班组成员一般都具有这样鲜明的特征：有强烈的责任感；能主动、自觉地发现问题并分析和解决问题；能自主、自觉地进行班组改善，提升班组绩效；以班组公约为行为标准，自动、自觉、自发地维护团队秩序；班组的风气积极、超前、主动。

1. 自主管理是人本管理的需要

传统的班组管理倾向于将人等同于原材料、设备、工具等生产要素，主要采用制度约束、考核管控的管理方式，是一种被动的管理方式。这种严格的监控式管理只会强制要求员工该做和不该做什么，却无法充分调动员工的积极性和主动性，无法实现人本价值最大化。

管理越强硬，抗拒力越大，这是传统企业管理普遍存在的问题。

其具体表现是：监督管理越严格，员工的逆反心理越强烈，常常是有制度无执行，有的员工甚至千方百计地钻制度的空子。

随着人的价值越来越凸显，现代管理越来越强调发挥人的主观能动性，而充分尊重人，体现人的主体性要求的自主管理模式也逐渐成为现代企业管理的必然选择。管理学研究证明，要调动现代人的主观能动性，必须考虑现代人普遍渴望的受尊重和自我实现等高层次的心理需要。

推行班组自主管理，其实质是让员工真正参与到管理中，可以名副其实地"当家做主"，从而大大提高员工的积极性和工作热情，转变以前被动工作的状态和"事不关己，高高挂起"的消极心态。同时，班组成员也会在工作中获得自我实现感和成就感，真正变成"激情工作，快乐工作"。

2. 自主管理是夯实企业根基的需要

班组是企业各项工作的落脚点，企业的各项管理工作最终都要在班组中得以落实。仅仅依靠班组长一人事必躬亲，大包大揽，班组工作中出现疏漏自然不可避免。因此，要想奠定稳固、扎实的企业根基，必须依靠班组里的每一个员工。

而班组自主管理模式将班组成员的智慧和才能作为一项重要的资源来开发，倾听员工的心声，尊重他们的意愿，重视他们的建议，最大限度地发挥他们的潜能，激发他们的创造性和主动性。一旦激活了班组员工的潜能，班组管理的改善、产品创新、成本控制、风险预防能力都将大大提升，班组也将成为一个稳固、完善、高效的团队。

二、自主管理型班组的特征

所谓自主管理型班组，并不是说班组长对班组放任自流。自主管理型班组模式是，在企业总体目标的指引下，在企业文化和制度的规范下，赋予班组成员适当的决策权和管理权，同时做到权责统一，让班组的每一个成员主动参与班组管理，在自我发现问题、自我解决问题的过程中，变被动管理为主动管理，变"要我干"为"我要干"。

概括而言，自主管理型班组具有如下特征。

1. 文化管理是根基

自主管理型班组不是自由散漫型管理，其典型特征之一是文化管理，但文化管理并不排斥制度的作用，它一旦成为班组管理的主要方式，员工的思维方式和行为方式会更多地受到企业文化的规范和约束。

凝聚人心、规范行为，关键靠文化。优秀的班组文化是班组的灵魂，通过感召力、凝聚力、激励力和调节力，使员工在自主管理中围绕班组总体目标，充分发挥潜能，组织和协调自己的工作。

2. 制度完善是保障

如果将企业的文化比喻成为企业前进提供驱动力的火车引擎，那么制度则是火车轨道，它能保障企业沿着正确的方向行进，确保企业的安全。

由于不同的人有不同的价值取向，因此班组仅靠文化管理很难实现员工行动的一致性，还必须辅以制度规范，只有这样，班组才能成为一个框架结构合理、运行规范、程序标准统一的组织。

柔性的文化管理，加上刚性的制度体系，是班组实行自主管理的双翼。制度管理和文化管理，一堵一疏，刚柔相济，两者结合，才能发挥最大管理效能。

3. 人人都管事，人人都自觉

班组自主管理不是无人管理，而是进入了一种更高境界的管理——人人都管理。

在自主管理型班组中，原本由班组长一人管理，凡事一肩挑，现在变成了人人都管理，千斤重担众人挑。原本的管理客体变成了管理主体，班组长因此可以从日常琐事中解脱出来，专注于核心业务。

另外，自主管理也调动了不同岗位员工的工作积极性，充分发挥了员工的聪明才智。

4. 事事都透明，人人都监督

自主管理型班组将以前的班组长一人监督变为人人都监督。要实现人人都监督，就必须建立透明化机制，即班组每一个成员的工作目标、工作计划、行为、绩效、问题等都要透明化，这样才能使人人都看得见。在一种客观公正的环境下，人人都是参与者，人人又都是监督者，从而构成班组管理的约束力和激励力。

5. 事事有人管，管理无漏洞

人人都管事，如果无制度规范，也有可能造成人人都不管事。要避免这种情况，就必须在具体的管理工作和任务中分清任务、明确职责，确保事事有人管，事事要检查，管理无漏洞。

第二节　人人唱主角，全方位参与

> 自主管理型班组引入了轮值班委制和管理小组机制，变过去的班组长一人管理为班组全员管理。

自主管理型班组的组织结构完全区别于传统的以班组长为单一管理主体的班组组织结构，其典型特征是"八全管理"（在第六章第二节中有详细论述），归结到一点，就是人人唱主角，个个都管事。

一、自主管理型班组的两大特点

一个班组里有诸多的管理单元，其组织结构具有全而细的特点。现代企业无论是实现精益化生产，还是提升班组绩效，再像过去那样，依靠少数管理人员和技术人员已经不行了，需要发挥全体人员的聪明才智。因此，实现全员自主管理，激活全员潜能至关重要。

我们提出了班组"八全"自主管理的概念，引入了轮值班委制和管理小组机制，这既体现了"八全"自主管理的要求，又细化了管理任务，可以有效提升班组管理效率。

从图3-1可以看到，自主管理型班组组织结构的两大特点是轮值班委管理制和班组工作推进小组制。

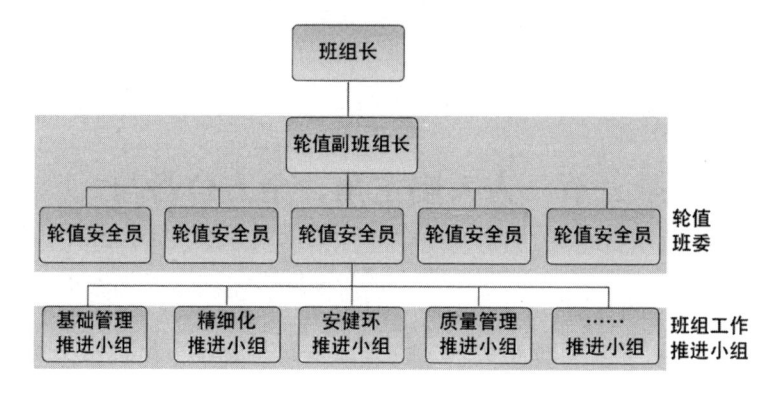

图 3-1 自主管理型班组组织结构图

1. 轮值班委，变一人管理为全员管理

轮值班组管理委员会（以下简称"轮值班委会"）的主要任务是根据班组的核心工作进行班组日常的管理、组织、协调和推进。过去是传统的五大员作为班组管理核心环节的担当者，包括安全、培训、宣传、仓管与考勤。传统的五大员机制实际上是将班组成员划分为管理者和被管理者两个对立的团体，人为地制造了员工间的冲突。而我们在传统的"班组长＋五大员"这一管理结构的基础上引入的轮值班委管理模式，让每一名班组成员都有机会担任副班组长以及班委成员，亲自参与班组管理。轮值班委管理模式真正实现了全员自主管理。当然，轮值委员的具体职责应该根据班组所处的行

业和工作特点等进行个性化的设置。

我们认为,设立轮值班委会的意义在于:

• 将班组核心管理任务分解落实到个人,改变了班组长一人包办的模式,提高了管理的效率。

• 轮值机制确保每个人都有参与管理的机会,每个人的管理才能和价值都能得到展示,有效地激发了班组成员的积极性。

• 班组成员在担任轮值副班组长或轮值委员时,真切体验到了管理者的辛苦和难处,增强了整体和大局意识,从而在今后的工作中,更理解、支持班组长的工作,更加主动、积极地关心班组的工作,维护班组的秩序和荣誉。这有利于形成人人参与班组管理的良好氛围。

• 在轮值管理的过程中,成员之间的沟通得以加深。班组之中,原先是各干各的,班组成员除掌握自己的技术外,对其他工序知之甚少。但让每个人轮流担任副班组长和轮值委员以后,班组成员就有了了解其他岗位工作的机会,通过亲自试验和实际操作,班组成员的能力得到锻炼和提升。

2. 班组工作推进小组

推进小组工作法源于日本,它是从20世纪50年代开始逐步流行的"质量管理圈"活动为达到精益生产的目标,贯彻精益生产、以人为中心的管理思想而采取的生产组织方法。推进小组工作法最大限度地把职责和职权下放到班组推进小组,以减少管理层次,提高管理效率,增强企业组织的活力。

班组工作推进小组是对轮值班委会的有效补充,可作为班组的临时组织。轮值班委会主要负责班组日常的运行管理，而班组工作推进小组则可以根据班组的工作目标、工作重点、主要问题等进行有针对性的重点管理。例如，企业推行精细化型班组建设，班组便可以设立流程精细化小组、现场改善精细化小组等不同的小组，发动全员进行精细化型班组建设。

二、自主管理型班组的建立步骤

建立自主管理型班组结构有以下四个步骤，如图 3-2 所示。

```
选好班组长
    ↓
搭建轮值班委会框架
    ↓
建立轮值班委工作夹
    ↓
建立轮值班委运行机制
```

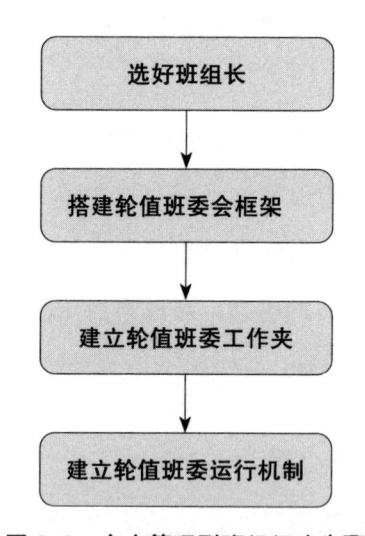

图 3-2　自主管理型班组组建步骤

1. 选好班组长

构建班组组织体系，首先要选好班组长。班组长不仅要业务技术过硬，还必须具备较高的管理技能，懂得怎样带队伍，善于沟通，能够激发班组成员的积极性，带领班组这支队伍创造高绩效。

自主管理型班组不需要权威型、控制型、命令型的班组长。班组长应将管人变为"经营人"，积极创造条件，让班组成员参与到班组管理和建设中。

2. 搭建轮值班委会框架

搭建轮值班委会的框架，重点在于梳理班组管理的主要工作内容，根据班组的工作特点设立几大轮值班委等。

例如，生产型班组可以设置安全员、培训员、质量员、宣传员、验收员、核算员等，服务型班组可以设置组织委员、服务管理员、士气管理员、培训员等。

总之，轮值班委的设置应符合行业的特点、工作的特点以及工作目标的要求等。

3. 建立轮值班委工作夹

轮值班委工作夹相当于轮值班委的作业指导书。因为轮值班委会采用的是轮值形式，每一个人都可以在一定时期内任一定的职务，至于职责，不同的班组可以有所区别，但共同的前提是要使班组内的每个人都参与到管理中。为了让参与管理的人知道轮值班委的工作职责、操作方法和经验得失，有必要建立一个统一的轮值班委工作夹。

轮值班委工作夹应该包括对轮值班委工作职责的说明，工作流程、方法的指导，以及在工作中需要用到的表格、工具等，如图3-3所示。

图 3-3 某班组轮值班委工作夹

4. 建立轮值班委运行机制

要让轮值班委管理制度顺利启动、运行起来，需要建立一套运行机制，其步骤为：

第一，确定轮值班委的轮值周期。轮值周期不宜太短，否则会让轮值班委感觉刚一上任，工作还没怎么开展，任期就结束了，这会导致工作绩效难以体现。但周期也不宜太长，这样其他班组成员参与管理的机会就少了。一般情况下，两周或一个月轮值一次比较合理。

第二，确定轮值班委的产生方式。一般来说，轮值副班组长可按照轮值表轮流担任。确立了轮值副班组长后，轮值副班组长负责招募当届的轮值班委成员，轮值班委成员采用自荐和他荐两种方式。班组长应在班组内营造全员积极参与班组管理的氛围，鼓励班组成员参与轮值班委会的工作。

第三，举行轮值班委的就职、履职仪式。为了让轮值班委重视自己的工作，有崇高的荣誉感和责任感，可以在轮值班委上任时搞一个就职仪式。在就职仪式上，轮值副班组长带领自己的班委成员向班组展示本届轮值班委会的主题、工作目标、团队口号等。本届轮值结束后，轮值副班组长面对班组全体成员做轮值总结，展示本届轮值班委会的工作成果，并对发现的问题进行分析和汇报。班组长同时可对轮值班委会的表现进行点评和鼓励。

第四，轮值班委的激励机制。为了激励轮值班委成员尽心尽力开展轮值班委会的工作，应在轮值班委的管理中引入竞赛机制和荣誉机制。可定期进行最优轮值班委会和最佳轮值班委的评选，由班组全体成员投票决定，并对获奖者在班组园地进行公开嘉奖，同时给予一定的精神激励与物质奖励。

案例

在参加了我们的"网点转型——六型网点建设"培训后，某银行支行站前分理处负责人小蒋积极将所学的知识运用于管理实践中。其中，在轮值管理模式的运用方面，结合本网点工作特点大胆创新。下面就来看一看他们是如何开展轮值管理的。

首先，根据本次培训的主题"六型网点建设——活力型、文化型、学习型、营销型、绩效型、综合型"，相对应地分别设置了六个轮值管理小组：活力小组、文化小组、学习小组、营销小组、绩效小组、综合小组。每个小组共由三名成员组成：一名轮值、一名助理、一名顾问。班组内其他成员则可以申请成为志愿者参与轮值管理。

其次，确定每个小组的主要工作职责和内容。

再次，确定轮值产生方式。该网点的创新是，轮值的产生并不是按照全员轮值表强制产生的，而是通过推选的方式产生。小蒋在《金融行业转型——五型网点建设》一文中具体介绍了这种方法：

指派轮值的做法让被指派者反感，好像是在完成一项任务，主观意愿不强，效果不理想。为了避免出现这种情况，我们经过长期酝酿，用大家推荐、投票的方式确定轮值人员，再由轮值者选聘自己的助理，增加了同事之间的有效沟通，使大家的关系更融洽、气氛更和谐；使每个人都不再感到孤单，时刻都能感受到自己和团队在一起！这种方法得到大家的赞同，其好处是：

• 推荐者的意见一旦被尊重，他就会支持轮值者工作。

• 轮值者由民主推选产生，具有群众基础，有强烈的荣誉感、责任感和使命感。为了不辜负支持者的期望和厚爱，必然会精心准备。

• 由轮值者自己选聘助理，举行正式的聘任仪式，巩固了同事间相互信任与支持的关系。

• 轮值者还可以聘请一名顾问，作为自己的"智多星"，增强团队的力量。

第三节　人是自主管理型班组的运行核心

班组自主管理实现了员工的价值，更重要的是赋予了员工责任。员工有了责任感，才能充分发挥主观能动性。

自主管理型班组的运行管理机制包括人本激励机制、制度公约化机制、轮值机制、承诺机制、透明化机制等。

一、人本激励机制——激活潜能，自动自发

人是要有一点精神的，要让人动起来，首先应振奋人的精神。人的精神潜能一旦被激发了，积极性就能大大地调动起来。此时不再需要管理者去推动，不再需要制度去约束，员工便会自动、自觉地去改善工作，解决问题，提升绩效。

建设自主管理型班组，就是要让管理方式实现由命令、监督、惩罚向引导、激发、激励的转变。但谁来激励、怎么激励、何时激励、激励什么等因素不同，激励效果迥然不同。所以，我们的人本激励机制强调的是将单纯的物质奖励转变为物质奖励与精神奖励相结合，以精神奖励为主的方式。

1. 责任激励

责任是重塑人性的重要支点。人一旦有了责任感，就会全力以赴。

班组自主管理实现了员工的价值，更重要的是赋予了员工责任。员工有了责任感，才能充分发挥出主观能动性。

责任激励能有效调动员工的工作热情，形成团队精神，铸就企业文化。

案例

刘月是不久前入职银行分理处的一名新员工。了解到她是刚走出校门的大学生，英语不错，且拥有双学士学位，分理处的负责人便想利用她学识上的优势，再结合年轻人有热情、有干劲儿、脑子活、学东西快的特质，给她"找点事"做，安排她教员工学习常用英语口语和简单的手语手势。结果，她不负众望，接受任务后，认真整理资料，积极探索适合银行员工特点的学习规律，总结出一套行之有效的学习方法。该方法取得了良好的效果，并得以在整个分理处推广。现在，银行分理处的人都尊称她为"小老师"。

对于管理者来说，我们应做慧眼识人的伯乐，善于发现、挖掘每一个员工的潜质，给予他们展示才华的平台，使人尽其才，从而最大限度地激发他们工作的热情，发挥他们的主动性与创造性。这是管理者应尽的责任。

2. 精神激励

每个人都有被尊重、被认同的需求。因此，精神激励的效果有时会出乎意料地好。

精神激励的形式有很多，例如根据工作目标，设置服务之星、绩效之星、安全之星、执行之星、协作之星等。班组要每月评选班组之星，并在全体班组成员面前公开对其进行嘉奖，同时将其照片和事迹张贴在班组园地或文化墙上。

3. 环境激励

环境激励，即变班组长个人激励为全员激励。班组长毕竟精力有限，很难全面了解每一名班组成员的工作状态，也很难及时发现每一名班组成员的改善和进步。但是如果形成了"人人识我优"的团队氛围，只要你做出了改善，为团队做出了贡献，团队成员就会发现你、激励你、感谢你。长此以往，班组成员的士气会大大提升，班组成员之间的关系也将更加融洽，团队凝聚力会更强。

4. 即时激励

激励也要讲究时间，一旦错过了最佳时间，激励的效果就会大打折扣。"表扬不隔日"，就体现了即时激励在保证激励效果方面的作用。即时激励可以让员工立刻确认自己行为的正确性，同时固化正向行为模式，形成长期的好习惯。

即时激励能立即告诉被激励者什么是对的和什么是应该继续保持的，因此对正面行为的巩固是及时的。

即时激励要求班组长具有非常强的观察力，能及时发现班组成员点滴的改善、小小的进步。

案例

李娟是客服中心"班组长胜任力提升及四型班组建设"培训项目的学员，其所带领的班组被评为该项目的标杆班组之一。

李娟认为传统的考核尽管也能反映员工的综合素质，但个性化的积分制度更能调动员工的积极性，使员工某一方面的特长展现得淋漓尽致。企业既需要综合素质全面的人才，也需要有某一方面特长的员工。推出积分服务是为了让更多的员工实现自身的价值。

"员工积分激励计划"内容如下：

员工可积分的内容包括：服务类——服务明星奖、优秀录音奖、最佳案例奖、优秀团员奖、优秀团干奖、积极分子奖等，创新类——创新提案奖、论文刊物投稿奖、业务运营奖、业务建议奖等，其他类——全勤奖、最佳团队奖等。

员工积分可兑换的内容包括：学习发展类——经典培训、精品讲座、外出交流、换岗体验，休闲活动类——演唱会门票、电影票、假期等，消费类——优惠券、实物等；团队类——外出培训、双休机会等，借用类等。

全体成员要在月例会上对上月工作成绩突出的员工进行肯定性评价；推出每月团队业绩排行榜，评选十佳服务明星和每月最佳团队，所有先进人物的照片都会被放在班组博客和文化墙上。

二、制度公约化机制——变被管理者为管理者

制度公约化机制，既能起到规范和约束班组成员的作用，又能让班组成员心悦诚服地接受，避免在制度执行的过程中出现一系列矛盾冲突，可改善管理者与员工之间的关系。

案例

小王担任班组长以后，更加刻苦、全面地学习技能，总是任劳任怨，事事身先士卒，并事事照顾新员工。结果三个月不到，他们班还是丢掉了保持了一年的班组红旗。工段长及时找他谈话，并表达了对他寄予厚望的看法。小王进行了认真的反思，认为自己主要存在以下几个方面的问题：

1. 不能调动、带领全班组成员共同完成工作。

2. 凡事自己亲力亲为，剥夺了班组成员发挥才干的机会，员工的积极性没有被充分调动起来。

3. 未能有效地提升班组成员的素质。

意识到自己的问题之后，小王决定从严管理，希望通过细化班组各项管理制度，严格考核管理来调动大家的积极性。在日常工作中，小王铁面无私，无论班组成员与自己关系远近好坏、平时业绩如何，只要其违反了规定，一律照罚不误。结果却让小王备感意外和困惑：这样的规章制度和考核方法不仅没有起到积极的作用，反倒让班组成员开始渐渐地疏远他，让他成了"孤家寡人"。

小王感到非常痛苦，于是他进行了更加深刻的反思，同时积极地向工段长求教如何管理班组。工段长说道："你的管理太教条化，把大家都管死了。管理的关键是要调动大家的积极性，依靠集体的力量才能将班组的业绩搞上去。"

经过工段长的指点，小王恍然大悟：只有让员工参与，才能形成班组积极向上的工作氛围。企业的成功不仅取决于执行严格的管理制度，更要靠员工的自觉参与意识和较高的自主管理水平。班组长最重要的任务是营造一种氛围，养成员工自觉、自动、自发的工作习惯。

之后，小王立即召开民主班务会。在会上，小王首先就丢失班组红旗及近来的管理方法导致班组绩效不佳的现象，向全体班组成员进行了诚恳的自我批评，并希望大家多提意见与建议，共同想办法将班组红旗夺回来。起初，只有一两个人提了些不痛不痒的建议，当小王虚心接受批评并诚恳地请大家多提建议时，大家终于敞开心扉，意见越来越多，越来越尖锐。

面对诸多意见，小王感觉自己威望扫地，颜面丢尽，提出自己不适合做班组长。令小王没有想到的是，班组成员反倒一致支持他，纷纷表示愿意协助他一起把班组工作做好，并提出了许多改进措施，其中的一些措施比小王之前制定的制度还要严格。全体成员通过讨论，最终形成了一个夺回班组红旗的行动计划，并制定了红旗班组公约，所有成员都签字承诺。

结果令小王喜出望外！会后一个月，小王就看到了成效。以前是小王要求大家怎么做，现在是大家自觉自愿地依照班组公约做，而且一旦发现班组成员有违背公约的地方，大家就会加以提示，被提示的人也会欣然接受。

在新制度的顺利推行下，班组效益越来越好，小王也顺利地晋升为工段长。他越来越能理解之前工段长说的话，也学会了时刻换位思考。

制度是班组中必不可少的，关键是谁来制定，怎么制定，怎样执行。当制度由班组长一个人来制定时，就等于是将员工置于自己的对立面，制度的出发点自然而然地就放在如何控制、监督员工上，这样，员工与班组长之间的不信任和对抗则不可避免。而当班组长和员工共同制定制度，并形成公约时（公约是为了实现共同的目标），大家就会发自内心地共同遵守。

美国著名作家玛丽琳·弗格森曾说："谁也无法说服他人改变。我们每个人都守着一扇只能从内开启的改变之门，不论动之以情或晓之以理，我们都不能替别人开门。"只有班组成员亲自参与制定、集体讨论形成的制度、规范，才最令他们信服、最符合班组实际、最具实操性，大家才会不折不扣地去执行。

人拒绝被管理，就像拒绝被征服；人渴望管理他人，就像渴望征服他人一样。几乎人人都希望管理别人，而不希望被别人管理。班组长应充分认知员工的这种心理特性，引导员工自主制定班组公约。

班组公约机制是尊重人、信任人的人本管理思想的体现，是变被动管理为主动管理的人本激励机制，是实现员工自主管理及体现员工主人翁精神的有效工具，是高效执行力的保障，是公平、公正的基础。

在公约机制下，没有管理者与被管理者的清晰界限，大家都为了共同的目标而努力，因此容易形成具有高度凝聚力的团队。

三、轮值机制——人人管班组

轮值机制确保了人人参与管理，人人都是班组的主角。轮值机制的价值在于：

第一，变班组长一人管理为人人管理，使每个人的潜能都得以发挥。

第二，班组成员通过轮值，锻炼、提升了自己的能力。

第三，充分实现了管理中的角色体验与换位思考，便于营造班组成员之间及与班组长之间的多向理解、和谐团结的氛围。

轮值机制在班组中的运用主要体现在以下两方面。

1. 轮值班委机制

轮值班委是由班组成员组成的自主管理团队，成员一般包括副班组长、组织委员、学习委员、安全委员等，其职能基本涵盖了班组日常管理工作的方方面面。班委会采用轮值的形式，让每个人都有参与管理的机会。这在本章"人人唱主角，全方位参与"一节中已有相应的论述，这里不再赘述。

2. 轮值案例机制

案例管理机制是人人管理班组的实现平台之一（具体内容参见第一章第四节"每日一案例"）。案例管理机制能消除管理者与被管理者之间的对抗，搭建一个人人参与管理的平台。轮值案例机制的具体作用主要体现在以下几个方面：

- 通过人人做案例，员工由被动接受管理变为主动参与管理。
- 通过寻找班组问题，员工对班组（企业）管理的责任意识得到增强。
- 通过对问题的分析和提出解决问题的措施，员工培养了自主解决问题的能力和创新思维的习惯。

• 通过案例启示，班组形成良好的学习习惯，员工的技能得到不断提升。

• 形成班组解决问题的长效机制。

那么，轮值案例机制在实践中是如何应用的呢？

第一，制作案例轮值表，由班组成员轮流做案例。

第二，每天班晚会上，案例制作人发布案例，并由主持人组织全体班组成员进行案例的讨论、总结，同时制订行动计划。具体步骤如下：

• 选出一名案例主持人，可以是班组长，也可以是其他人，组织案例讨论活动。

• 由案例发布人发布案例，用PPT形式或口头形式提出问题。

• 案例主持人将班组成员分成2~3组，每一组选出一名组长。

• 在组长的组织下，各小组分别进行案例讨论，由专人记录讨论结果。

• 按照完成讨论的先后顺序，各个小组派代表发布案例讨论结果。

• 班组长对案例进行点评。

• 案例制作人发布自己的案例启示，案例讨论结束。

四、承诺机制——变外驱力为内驱力

承诺机制可以变管理中的外力驱动为自我驱动，用承诺来约束和驱动班组成员的行为。班组的承诺机制就是，在班组建设过程中，团队成员基于责任、主动性等，承诺相关的管理活动并积极兑现，支持班组管理，以实际行动促进班组发展。

具体的操作要注意以下两点。

1. 让班组成员自主参与目标制定

班组长制订好目标、计划直接发布，要求班组成员执行，班组成员实际上处在被动接受的位置。反之，让班组成员参与计划的制订和实现路径的讨论，班组成员则处于主动求变的位置，积极性被激活。

建设自主管理型班组，就是要让班组成员参与目标、计划的制订，并形成班组成员的共同承诺。具体做法如下：

• 结合班组工作目标，鼓励班组全员参与年度计划、月度计划的制订，共同议定实现目标的最佳途径和风险控制方法。在全员通过的计划上，每个人都要郑重签名，以示庄重承诺。

• 鼓励班组成员向下分解班组目标，落实个人计划并署名承诺。

2. 目标承诺透明化

目标制定容易实现难，因为人都有惰性。但将个人的目标转变为对班组的承诺，并通过目视化系统展示出来，就可利用团队的力量来帮助个人克服惰性。

将承诺透明化、公开化，这时班组内的每个人都会成为承诺的见证人和督促者，这种团队工作环境带给班组成员更大的压力和动力，促使其兑现自己的承诺。具体做法如下：

• 月度目标承诺。班组应该制定月度目标，并将该目标分解落实到每个班组成员头上，班组成员再自主制定自己的月度工作目标，公示在相应的透明化看板上，如图3-4所示。

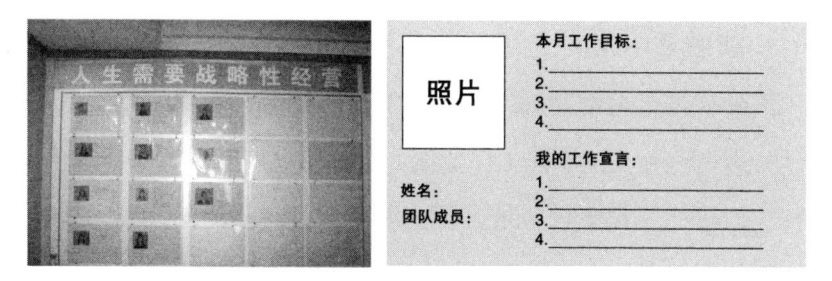

图3-4 月度目标承诺看板

- 周目标承诺。每个班组成员还要列出周计划，包括具体的工作内容和工作目标，存放于班组共享信息系统或者公示于相应的看板上。

- 日目标承诺。每天都应有具体的目标，当日事当日毕。每天班早会，班组管理人员都应向班组成员通报当日的工作内容和计划。一天工作结束后，要对当天的任务完成情况进行回顾和总结。

五、透明化机制——时时提醒，人人监督

如何才能让员工时时反省、事事检查？方法很简单，在班组工作场所设立目视墙，即透明化系统。

透明化管理是通过目视化系统来表现人的行为和思维方式，将所有人的行为立体化，使现场环境与人有机整合。它具体包括班组文化理念、岗位职责、作业流程、项目进度、业务学习、评价结果、绩效现状等内容。通过透明化管理，全体员工时时对照、时时提醒、

时时监督、事事比较，变管理者监督为自我督促管理，自动、自觉、自发地完成任务，履行职责，自主创新，自我提升。

1. 绩效透明化

绩效管理重在绩效过程控制而不是绩效结果考核。要使员工清楚地知道自己每天的实际工作业绩，存在哪些问题，有哪些改进点，如何去改进……员工只有每天都清晰地知道自己的工作方向和努力目标，才能不断地去改进和完善自我。

每个人的绩效每天都要及时公示，使所有员工既了解自身的状况，也了解同事的状况，并对比绩效要求，做到心中有数；让员工自己对照标准、对照过程，形成公平的认知。因此，在透明化环境下，每个员工都处于一种"自知者明，自胜者强"的状态，时时对标、事事总结，这样也就逐渐代替了"以罚代管"的传统绩效管理模式。

2. 制度透明化

在班组的日常管理中，为了规范员工的行为，我们会制定各种操作规程和管理制度。为了确保制度的执行，首先要做到制度透明化，让制度为每一个人知晓。制度不分彼此，制度面前人人平等。

3. 激励透明化

激励透明化能够起到时时督促、时时激励的作用。如在透明化系统中，设置"精神家园"看板。该点在"文化型班组建设"一章中已有论述，在此不再赘述。

第四节　自主管理型班组建设实例

> 自主管理型班组重在人本激励，它可以把人的潜能充分地发挥出来。

A煤矿是一家国有能源煤电公司的下属企业。A煤矿将以人为本、挖掘员工潜能作为班组建设的核心，全面推行"人人都是班组长"的班组管理模式。通过实行全员自主管理的方式，完成了班组建设的创新工作，改变以往"要想火车跑得快，全凭火车车头带"的班组长一手抓管理模式。创新后的新型"动车型"班组，将每个人的潜能都最大限度地激活和释放，仿佛火车的每节车厢都装上了动力装置，强势推进了企业安全生产和经营管理。同年，A煤矿安全生产不仅实现了"零死亡、零重伤"，而且实现了历史性的"零轻伤"；生产经营上取得了"三增一降"的优异成绩，并获得了"××年度中国班组建设最佳超越奖"，荣列中国煤炭企业100强。

此前A煤矿领导班子为进一步深化班组建设进行了深入调研和全面审视，痛定思痛，梳理出"三个滞后"和"三个极不相适应"。

一是管理方式滞后。班组管理模式仍沿用传统的行政和经济管理方式，依靠班组长个人作用进行控制管理、制度管理，以考核代管理，以处罚代管理，与现代社会员工群体希翼的充分体现个人价值的人性化管理极不适应。

二是班组长管理能力滞后。由于A煤矿建矿不久，绝大部分班组长都是新上任的，甚至是新矿工，全矿班组长普遍存在"两低两差"（文化素质低、业务水平低、安全意识差、管理能力差）的现象。抓管理"传统的不顶用，现代的不会用"与建设现代化能源行业一流企业的愿景极不适应。

三是员工职业素养滞后。全矿526名员工，来自全国13个省份，地域文化差异大；大部分是农民工，文化水平参差不齐；职业培训不够，技术技能水平不高。大部分员工想干就干，想走就走，队伍不稳定，生产难保障，安全隐患大，与建设一支"四有"员工队伍的目标极不适应。

针对班组建设存在的问题，A煤矿领导班子组织全矿开展了"班组建设抓什么""班组长管理怎么管""员工积极性怎么调动"的学习讨论，确立了以建设"学习型、和谐型、安全型"班组为目的，以充分展示每一个班组成员人生价值为动力，以实行"人人都是班组长"的管理模式为抓手，以"赛场、荣誉、分享、轮值、评议、透明、活力"七大机制为保障的班组建设新思路。

一、金石为开："人人都是班组长"

某年，综采部的班组长小李在参加了"人人都是班组长"的课程培训后，着手班组建设创新。他一改往日班组生产管理全凭自己一手抓、一言堂的传统管理模式，将权力重心充分下移，建立了以人为本的自主式管理模式。小李依据班组任务和工作，结合班员的个性、特长与意愿，成立了以四大委员为首的小组，协助他进行班组管理工作。几名上任委员都十分珍视这份沉甸甸的信任，积极与班组成员沟通、讨论，最终确定了这份详尽的岗位责任制度，并依此订立了评议委员职责。

四大委员岗位职责

安全委员职责

- 负责日常工作及案例整理。
- 督促每个员工书写材料要详细，案例分享要到位。
- 强调安全小组的组员要轮流学习安全知识，加强自身的表达能力。
- 在工作中，发现"三违"现象要及时制止并教育。
- 在生产过程中，排除各岗位、各工种存在的安全隐患，并检查班后安全隐患的记录。
- 督促员工学习、落实安全知识和每日一题，并抽查提问。
- 鼓励全班人员互相监督，做到"人人都是安全员，处处都是安全岗"。
- 安全委员要以身作则，把安全落到实处，实现"安全、质量、产量同时进步"。

学习委员职责

- 负责检查和督促班组牌板的及时更换。
- 安排班早会学习、提问并记录，以此作为以后评选四星的材料。
- 收集班组中的各种资料，并加以整理和打印存档。
- 建立班组电子档案。

- 负责协助班组长制作班组PPT，并在以后逐步完善。
- 学习委员要以身作则，圆满完成区队和班组的各项任务，做一名合格的员工。
- 配合班组长稳步推进新型班组建设。

活力委员职责

- 在班早会活跃气氛，使员工保持愉快的心情。
- 以不同的方式激励员工，调动员工的工作积极性，如笑话、歌曲、快板、绝活、创新作品等。
- 在班组中，让员工全部轮值。主要让不爱说话、缺乏沟通的员工多表演节目，以增强员工之间的沟通，锻炼员工的胆识。
- 时刻关注员工情绪，发现员工情绪低落要及时与他沟通，使他在工作中保持良好的心情。
- 在班组中，发现说粗话、打架的行为应及时制止，并加强教育。
- 在班晚会调节气氛，使员工心情舒畅。

评议委员职责

- 公开、公平、公正。
- 在班晚会上点评员工在工作中的成功点，同时总结失误点，避免犯同样的错误。
- 在班晚会上做总结。
- 点评轮值班长的工作。
- 每周组织评比明星员工。
- 对员工在工作中所做的每一件事及案例进行点评。

- 嘉奖优秀员工。
- 激励帮扶对象。
- 认真搜集员工提出的意见、建议并及时整改。

"精诚所至，金石为开。"就在以人为本的管理思想指引下，小李不再把班员当作管理对象，而是视为自己的左膀右臂，同战斗共呼吸的盟友。几个月下来，小李从思想到行动逐渐转变，不仅将自己从往日一人受累、事倍功半的状况中解脱出来，还得到了班组成员的认可与尊重。

二、安全的接力棒："红帽子管理法"

"班长轮流做，今天到我家。"A煤矿为确保每名员工在轮流当一天或一周班组长期间提高素质和能力，明确划分了班组长的职责、权限和利益。按照每个月的班组长轮值表，各轮值班组长对当天班组全部工作负总责，行使安全管理权、生产组织权和考核分配建议权。"红帽子管理法"是指通过全员轮值参与安全管理，变领导抓安全为全员管安全，员工由被动的安全被管理者变为主动的安全管理者。

"现在，请轮值班组长交接红帽子！"

"刘三同志请接帽，帽子虽轻但责任重大！"

"请放心，我一定牢记安全使命，安全生产，按章作业。"

在煤矿掘进区生产班的班早会上，一名矿工郑重其事地将一顶红色的安全帽交给了对面的矿工。

轮值制度只是"人人都是班组长"的七大机制中的一项。在井下，红色安全帽一直是班组长身份的象征，甚至一度在普通矿工心目中代表了特权。而此时接过红帽子的正是一名普通矿工，他将在若干天内成为这个班组的轮值班组长，具体时长则由各班组自行确定。在轮值期间，他将全面担负起班组长的管理职责。

轮值班组长职责

- 由班组长合理确定轮值的周期、人员。
- 轮值班组长全力配合班组长工作，积极主动履行轮值的职责。
- 每天主持班早会，对本班组工作做详细安排，明确分工。
- 带领本班组人员进行安全宣誓（入井宣誓），自我鼓舞。
- 在工作中，彻底排查安全隐患，督促员工实现"安全、质量、产量同时进步"。
- 主持班晚会，总结当天工作，总结经验，取长补短。
- 认真填写班晚会记录本及安全隐患排查表。

"人人都是班组长"的全员管理模式，旨在让全矿每一个员工都转换角色，换位思考，参与管理，大家轮流当一天或一周轮值班组长、轮值委员，将班组的核心工作分解、细化，把责任落实到人。通过让轮值者在不同的岗位体验中获得经验和技能，通过换位思考增强员工之间的相互理解，营造人人管理、人人平等的和谐班组氛围。

三、闪耀舞台：优秀员工你真棒

择人而任势，在企业管理中，赛场的本质不是"赛"的结果，而是在于锻炼人、培养人。

"赛场机制"在煤矿班组得到了充分应用。A煤矿班组每日都在班晚会上进行班组"每日一星"和"帮扶对象"的评选，每周还会再评出班组安全之星、学习之星、质量之星、创新之星，即时鼓励，即时嘉许，并给予荣誉称号。每月还对班组长的业绩进行考核评价，民主评选产生当月的最佳轮值班组长，进行表彰奖励和广泛宣传。当期轮值不合格的员工，下一期继续轮值，直至轮值合格。大家将员工的工分评定等管理中较难处理的问题置于桌面，由轮值班组长提议，轮值班组长、四大委员及员工共同商议决定。制度实施以来，不断评选产生最佳轮值班组长。管理的公开化、透明化，有效推动了全员管理与自主管理，班组评定的所有标杆都得到了员工的认可，分配的所有工分都得到了兑现，没有出现异议。

"赛场机制"在为班组建设搭赛台、搭展台的同时，还为员工们搭建了一个展示自己的舞台，激发员工增强学习知识、学习技能和抓好工作的积极性，营造了"比学赶帮超"的浓厚氛围。

精诚班组优秀员工、帮扶对象评选标准

● 优秀员工评选标准：

1. 遵守劳动纪律，不迟到，不早退，不睡岗，不脱岗。
2. 使用文明用语，团结员工，不拉帮结派。
3. 工作积极主动，及时发现隐患并处理。

4. 圆满完成本岗位工作。

5. 安全意识超强，班组活动参与性强。

6. 经常为班组提出合理化建议。

7. 当班无"三违"。

8. 由轮值班组长提名，由班组长和评议小组综合评议决议。

● 帮扶对象评选标准：

1. 不遵守劳动纪律，迟到、早退、上班睡岗、脱岗者。

2. 恶语伤人、打架斗殴、煽风点火、挑拨离间者。

3. 班早会没有签名造成集体荣誉受损者。

4. 工作中失误，影响生产者。

5. 工作不积极，不主动，并且没有做好本职工作者。

6. 当班出现"三违"者。

7. 由轮值班组长提名，由班组长和评议小组评议决议。

四、乐业福田：和谐的精神家园

A煤矿由传统班组管理依靠班组长个人，到班组管理全员参与，改善员工心智，提升全员素质，实现团队成长，全矿科学发展、和谐发展、安全发展，收到了十分明显的成效。而这一切离不开企业持续不断的班组文化建设：建设突出人本管理，建立和谐融洽、相互信任、凝聚力强的人际关系，营造一个班组文化道场，"内育员工，外感客户；内塑精神，外营口碑"，使班组成为员工的精神家园、乐业福田。

文化是最初的一个理念，通过学习内化为每一个员工的行为。

企业由学习委员负责编制班组文化手册，制定文化建设制度，设立班组文化园地，建立班组精神家园，形成"文化到班组，公约建制度，文化树和谐，和谐促发展"的局面。全矿利用文化园地看板和精神家园看板，以形象的图片、动人的故事、感人的事迹传播和谐文化。活力委员充分运用"活力机制"，在班早会上先调动气氛，讲个笑话，做个游戏，或唱个歌，调节员工情绪，疏导化解矛盾，使班早会内容更加丰富，形式更加轻松，大幅提升员工的参与积极性。各班组在和谐型班组建设中，产生了自己的班名、班歌、班组口号，形成了各具特色的班组文化。同时，全矿食堂和公寓实行宾馆化管理、亲情化服务，员工收入不断增加，福利待遇全面提高，这些都增加了员工的归属感和幸福感。

"人人都是班组长"的全员管理模式的核心是以人为本，实现被管理者的人格再造，与传统的器物层面的管理相比，可以说是一场"管理革命"。A煤矿以"人人都是班组长"的轮值机制为抓手，激活了每个人的责任感、荣誉感和成就感，员工的积极性、主动性空前高涨，个人价值得以最大限度地体现。以前干完活就回家的员工，现在开始以企为家，人人担责，人人思考，人人创新。在推广和实践"人人都是班组长"的班组管理模式的过程中，全员自主管理逐渐形成了一套独特的模式、方法、工具，解决了班组长胜任力不足的问题。同时，重心下移，管理下沉，由内而外、由下而上的驱动，实现了班组建设的全方位覆盖、无缝隙对接、整体性拓展，对A煤矿加强基层和基础管理，推进企业科学发展、安全发展、和谐发展起到了重要的作用。这一管理模式为同类企业的班组建设提供了一个标杆和范例。

第四章

创新型班组建设

创新在21世纪已经成为企业核心竞争力建设的关键。纵观全球，卓越企业都是具备极强创新力的。卓越的企业需要创新型班组，将创新责任全员化，从而变成企业永不枯竭的创新动力。

第一节 全员创新，成就卓越

> 只有人人成为班组创新的主动参与者，形成浓浓的班组创新氛围，创新的智慧火花才会迸发出来。

创新绝不是某一个人的闭门造车，只有在浓浓的创新氛围中，全员参与没有指手画脚的旁观者，人人都是主动的参与者，创新的智慧火花才会迸发出来。

一、不创新，就会被淘汰

1. 创新是顺应客观规律的需要——变是永恒的规律

这个世界唯一不变的就是：世界永远在变。"变"是这个世界的主题。所谓"穷则变，变则通，通则久"，只有"变"才能"久"，没有变化，一切皆无。原地踏步即意味着退步，因为别人正在进步。无论是国家、企业还是个人，只有创新求变才可进步，才能取得发展。

2. 创新是适应环境的需要——强者主动求变，弱者被动应变

当今时代竞争激烈，它对企业的经营理念、管理水平、质量水平、效益提升等提出了更高的要求，企业转型势在必行，"明天的发展之路不在今天道路的延长线上"。

强者主动求变，弱者被动应变：先知先觉的人，可以推动变革，领导未来；后知后觉的人仅能适应变革，需要别人领导；而不知不觉的人会被淘汰，只能成为新的弱势群体。企业只有主动求变，进行经营理念的提升、管理机制的创新、技术的创新及产品的创新，才可与国际一流企业一决高下。

3. 创新是追求卓越的需要——创新是卓越企业的核心DNA

创新成就卓越，创新是领先竞争对手的唯一方法。卓越的企业都将创新视作最核心的企业文化内容，把创新和变革作为基本的经营理念，在创新和变化中寻找机会，并让员工在此过程中体验工作的乐趣和意义。如IBM（国际商业机器公司）的理念是"追求卓越"，GE（美国通用电气公司）的理念是"进步是我们最主要的产品"，HP（惠普）的理念是"以世界第一流的高精度而自豪"，微软的理念是"不断淘汰自己的产品"。

4. 创新是员工自我实现的需要——创新是展示个人才华的平台

创新是员工实现人生价值的最佳路径，是建立企业归属感的高效手段。具体而言，激励员工创新的意义在于：有组织地激发个人的创新潜能，促使员工快速提升工作技能，充分展示个人才华，以获得组织的赞誉和承认。

二、创新型班组的特征

班组是企业运营的最基本单位，班组无活力，企业必将衰亡。因此，企业创新的源头在班组，企业创新要从班组抓起。只有班组创新，才能真正生成企业创新的组织基因。建设创新型班组是企业顺应时代发展的必然要求。

一个创新型班组，具有以下鲜明特征。

1. 人本激励，激活创新

创新型班组有一套创新的激励机制和管理平台，能够最大限度地激活班组创新意识，把创意激发出来，并将创新成果运用于实践，产出实际价值。

2. 开放、民主、包容的班组文化

创新是一种具有高度自主性的创造性活动，依赖于不同思想、意见的相互交流和碰撞，依赖于全体员工的积极参与和真诚投入，需要有一个平等、民主、开放、宽容和积极行动的班组文化环境。

3. 激情工作，人人创新

人人都是创新的主体，人人都具有强烈的创新意识和创新精神，班组内部形成了创新的氛围。

4. 勇于自我否定

没有什么比陶醉于昨天的成功更危险，满足于现状是创新的最大阻力和敌人。在创新型班组中，班组成员要不断修炼自我否定的品格。

5. 以问题为师，以实践为师

问题是创新的契机，创新不能脱离实践。

6. 思维活跃，打破常规

创新型班组的每一个成员都具有十分强烈的创造性解决问题的欲望，他们思维活跃，善于打破常规，常常有奇思妙想出现。

7. 追求卓越，超越自我

具有挑战精神，勇于挑战新高度、新事物，具有不断超越、追求卓越的意识和能力。

三、如何成为一名合格的创新型班组成员

要成为一名合格的创新型班组成员，需要培养自己具有以下人格特点。

1. 自控性——宠辱不惊，自强不息

这里的自控性主要是指班组成员在理解与适应商业环境、伦理

环境的基础上所产生的自我协调能力及环境协调能力,主要表现为保持情绪稳定和完善情感理性的能力。

自控是求得高度和谐的一种自觉,是求得最佳生态优势的一种自我调节,是精神健全的基础,是创新人格健全发展的重要条件。

2. 自主性——迅速反应,马上行动

自主性是指始终如一地以顽强的意志积极践行既定的人生大目标。这种健康的人格倾向表现为:有条不紊的行为方式,受挫不惊、临危不乱的精神状态,干脆利索、当机立断的实践风格。这是杰出创新者的人格。

3. 独立性——所有的工作都要一竿子插到底

独立思考又不蔑视他人意见,独创思路又不拒绝继承。独立是在一切可以继承的事物、理论基础上的独立执行和独辟蹊径。独立性是展示个性的前提,是产生奇才的沃土。

4. 冲动性——创新就是"创造性地破坏"

冲动性是指始终保持创新思维或创造活动所引发的亢奋状态,总是充满沿着事物发展规律去发现、去创造、去变革的强烈渴望。这种激情状态会促发灵思飞动、灵感喷涌的高能思维态势和高度的创造活力。我们将这种冲动性称为"智慧的冲动"。

5. 探索性——贯穿创新活动全程

探索性是指始终以饱满的热情探索未知领域,善于发现自身的智能弱项,积极主动地开阔视野。探索性是发展的起点,是贯穿于

创新活动的第一驱动力。

6. 灵活性——思方行圆

灵活性包括适应性、弹性。灵活而不失主见、创见，适应而不失本色、自尊，富于弹性而不失韧性、刚毅，这是灵活的人格核心。在此基础上，辅之以适度的宽容、谅解、通融、回避、礼让、放弃，使创新不机械、不僵化、不教条。

7. 耐久性——得意不忘形，失意不失志

耐久性是指能够持续地投入创新活动，不在意一时、一事的挫折和失败。成功有时候会在尝试了几百次失败之后才来临，持之以恒地艰苦探索才迎来成功的那一天。就像当年爱迪生发明白炽灯泡是在经历了几千次试验失败之后才最终成功的，如果在此之前有任何一次放弃，那也就不会有后来的成功了。

第二节　重塑创新观念，开启创新之门

打开创新之门，必须搬走有碍创新的挡路石。重塑创新观念，做到事事可创新，人人都创新。

班组员工对创新的错误认知，往往使得创新之门紧闭。这些错

误的认知大致可以分为两类：一是创新唯天才可为，非我等一般人士可为；二是创新是研发部门的事情，非我等基层员工的责任，这使得基层人员时常对创新"敬而远之"。

建设创新型班组，首先要改变班组成员对于创新的这些自我设限的错误认识，帮助班组成员搞清楚什么是创新，创新到底是谁的责任。

一、事事可创新

我们在培训、咨询的实践中发现，很多人对创新的认识比较模糊，认为创新是"天才"的"灵光一现"，这是阻碍一部分人进行创新的思维枷锁。所以，建设创新型班组首先就要明白究竟什么是创新。

1. 创新三要素：新颖、实现、价值

对于创新，不同的企业、学者有不同的解释，我们结合国际一流企业、学者对创新的认知，以及多年来对班组建设的研究，认为创新的过程可以用3I来表示：创意（Idea）、创新（Innovation）和创造（Invention）。

创意是指一个好的构想；当你把这个构想付诸企业管理、产品设计、生产制造、市场营销等环节的时候，这就是创新；当创新运用于生产、生活实践，创造出经济和社会效益，就实现了创造。从这点出发，我们可以归纳出创新必须具备的三个要素：

第一，新颖。别人没有想到过的，或者在本企业之前没有试行

过的。但是,"新颖"并不意味着新发明、新创造,"新颖"也可以是对现有事物的改进和完善。

第二,实现。创意必须是可付诸实践、可实现的。

第三,价值。价值是创新的核心要素,创意再好,若不能为企业带来价值,也不能称其为"创新"。

创新不是单纯的求新、求异,创新必须创造新价值。在一些企业里,甚至在一些国际知名企业里,创新人员有时会掉进创新的陷阱里,即偏执于产品和技术的完美化,而与市场的需求脱节。

李开复就曾经强调过,有用比创新更重要。创新固然重要,你做了一个很有创新性的东西,但是它无法用到实际中,那就没有价值。所以,在创新的过程中,每个人都要谨记一个原则:创新要以市场为导向,以顾客需求为导向,以企业效益为导向,确保创新产生经济价值。

2. 时时、处处、事事可创新

班组的创新范围包括以下几个方面:

- 价值观、理念创新。价值观、理念创新包括管理理念、绩效理念、服务理念、质量理念等的创新。价值观、理念创新是创新的先导和"火车头",理念创新会带来革命性的变化,也会带来一系列的后续创新。例如,销售理念的创新,就使销售方式从推销式销售向顾问式销售转变,变强制硬性推销为专家、顾问式销售,通过为顾客解答疑问、解决问题来实现销售。

- 管理创新。管理创新包括班组管理模式、管理方法、管理手段的创新等。管理创新是班组创新的关键,因为管理机制在很大程度上左右着人的积极性，进而会影响其他方面的创新。

- 技术创新。技术创新对于产品品质的提升、经营成本的降低起着巨大的作用。
- 产品创新。产品创新包括产品的定位、功能、包装等的创新。
- 工艺创新。工艺创新包括工艺流程改进、工艺技术创新等，可以达到增效、节能、降耗、环保等目的。
- 原材料或资源创新。原材料或资源创新包括开发可替代资源、循环再利用等。
- 生产方式创新。生产方式创新是班组降低成本的有效方法。

总之，创新并不仅仅是指高、精、尖、奇，创新存在于班组的各个环节、各个要素中，完全可以从日常生产中的小事做起。

二、人人都创新

如果将创新任务交给某个特定部门或特定的人来做，这其实会造成了大多数人创新潜能的浪费。一家公司让某些员工专注于创新，其他人就会停止创新的脚步。

所以，企业创新的主体是全员，尤其是基层班组成员。班组成员处在企业生产、销售、服务第一线，对企业的生产经营状况和客户需求有着最直接的了解。企业要创新，就要大力鼓励基层人员进行创新，充分调动他们的积极性，激发他们的创造潜能。

海尔是国内企业中最注重基层员工潜能发挥和创新的企业之一。张瑞敏曾经说过："如果把创新的空间和压力给每一个人的话，很多你都想不到的事，他就给你想到了，因为他为了体现自身的价值。"

如果将创新的责任放到每个员工的身上，创新的数量和效果将大大提升。

第三节　创新思维能力的培养

培养创新思维能力，从改变思维定式开始，进而使人的创新能力不断提升。

创新并不遥远，它是每个人都具备的能力。而且，科学研究揭示，创新能力是可以培养的——通过有效的训练以及相应工具的使用，人的创新能力能不断得到提升。

一、突破思维定式

在长期的生活实践中，每个人都形成了自己固有的、格式化的思考模式，即思维定式。在某些情况下，思维定式可使我们应用已掌握的方法迅速解决问题。但对于创新而言，思维定式往往变成了新思维的枷锁，阻碍我们新创意、新点子的涌现。

思维定式主要包括权威思维定式、从众思维定式、经验思维定式。每个人的观念或多或少都会受到权威的影响，人们已经习惯于不假思索地引用权威、专家的观点，这就是权威思维定式。权威思维定式有利于习惯性思维，有碍于创新性思维。

从众思维定式使个人有归宿感、安全感，在我们日常生活中多表现为"少数服从多数"。中国人惯有"枪打出头鸟"的顾虑，因此习惯于"随大流"，大部分人的行为选择其实都是从众的结果，而很少是自己独立思考的结果。

经验思维定式是对前人的经验过分迷信和依赖，并形成固定的思维模式，一切照办照抄，这也会打压创新精神。

案例

某公司招聘销售人员时，出了这样一道考题——将梳子卖给和尚。很多人都觉得公司是在存心刁难人：和尚没有头发，怎么会用梳子呢？于是人们纷纷打了退堂鼓。只有A、B、C三人愿意接受挑战。

三天后，三人回公司汇报各自销售成绩，A只卖出1把，B卖出10把，C居然卖出了1000把。他们各自是怎么做的呢？

A跑了三座寺院，受到无数次和尚的臭骂和嘲讽，但仍然不屈不挠，终于感动了一个小和尚，卖出了1把梳子。

B去了一座名山古寺，发现山高风大，很多前来进香的善男信女头发都被风吹乱了。于是他找到住持，说："蓬头垢面对佛是不敬的，住持应在每座香案前放把木梳，供善男信女梳头。"住持觉得有理，买下了10把梳子。

C来到一座盛名远播、香火极旺的深山宝刹，对方丈说："凡来进香之人，多存一颗虔诚之心，宝刹应有所回赠，保佑施主平安吉祥，鼓励人们多行善事。我这里有一批梳子，您刻上'积善梳'三字，然后作为赠品，定能为宝刹带来更多香火。"方丈听罢大喜，毫不犹豫地买下了1000把梳子。

我们要实现创新，就一定要突破固有的思维定式。上述故事中销售员C的行为，让我们看到突破思维定式能带来意想不到的结果。

二、逆向思维法

逆向思维即反向思维，即对常见的、似乎已成定论的事物或观点"反其道而思之"，从问题的相反面进行深入探索。

实际上，对于某些问题，尤其是一些特殊问题，从果往因推往往可能会使问题简单化，使问题的解决变得轻而易举，甚至因此创造出意想不到的效果。根据思考问题角度的不同，逆向思维法可以分为以下几类。

1. 反转型

从已知事物（事物的功能、结构、因果关系等）的相反方向思考，发现创新构思的途径。

例如，传统的破冰船在破比较厚重的冰时，都是依靠自身的重量来压碎冰块的，因此船的头部都采用高硬度材料制成，而且设计得十分笨重，转向非常不便，这种破冰船非常害怕侧向漂来的流冰。俄罗斯科学家运用逆向思维法，发明了侧向破冰船，变向下压冰为向上推冰。新的破冰船不仅节约了许多原材料，而且不需要很大的动力，自身的安全性也大为提高。遇到较坚厚的冰层，破冰船就像海豚那样上下起伏前进，破冰效果非常好。

2. 转换型

在研究某个问题时，当发现解决问题的一种手段受阻，就转换角度思考，去寻找另一种解决手段，使问题顺利解决。

例如，司马光砸缸的行为就是转换思维方向的结果。因为一般人在遇到从水缸里救人这样的事时，都是从"如何使人离开水"这个方向想的，而司马光却想到了"如何使水离开人"，用石头砸破水缸，水流光了，人也被解救出来了。

3. 缺点利用

对事物的缺点进行合理利用，变被动为主动，化不利为有利。需要指出的是，该法不以克服事物的缺点为目的，而是将缺点化弊为利，寻求问题的解决之道。

三、联想思维法

1. 联想思维的类型

联想思维包括以下类型：

- 接近联想——对空间或时间上相互接近的事物的联想。
- 无意联想——事前不自觉的、没有明确目的的想象。人们常常在注意力不集中或半睡眠状态时，由于客观事物的某些外形特点而进行无意识联想，这是一种最初级、最简单的联想方式。

- 相似联想——对性质或形式相似的事物的联想。例如从铅笔想到钢笔、从数学书想到语文书等。
- 连锁联想——从一点出发，环环相扣，从现有的联想引发新的联想。
- 对比联想——相反的联想，是对于对立事物或特征相反的事物之间的联想。
- 飞跃联想——对于从表面上看似乎没有任何联系的事物之间的联想。

2. 联想思维训练要点

联想思维的训练要点如下：

- 要"敢于想"。人只有"敢于想"，才能将自身的想象力发掘出来。人类无限的想象力为科学进入未知领域提供了原动力，因此我们要敢于想象，敢于"异想天开"。
- 要"能够想"。想象是开启知识宝藏的钥匙，人想象力的深度和广度是由知识和经验决定的。因此我们要不断丰富知识面，扩大视野，为产生科学的想象提供坚实的基础。
- 要"善于想"。只有跳出传统观念、书本、名言、经验的条框限制，想象力才会不受约束地自由飞翔。

科学的联想变成实际行动，就会转化成让人欣喜的科学成果。潜水艇的前行速度增加到某种程度时，水的阻力就会猛增，以至于很难再提速。如何解决这一问题？科学家想到了海豚。为什么海豚的游泳速度那么快呢？科学家经过研究发现，原来是海豚特殊的皮肤构造在起作用。于是人们根据海豚的皮肤构造对潜水艇外壳进行了改进，潜水艇的前行速度果然得到显著提高。

四、奥斯本检核表法

奥斯本检核表法是以该方法的发明者亚历克斯·奥斯本命名的。这种方法引导人们在创新的过程中对照9个方面的问题进行思考，以启迪人们的思路，促使人们想出新的方法和方案。奥斯本检核表法对创新的方向提出了具体的指引，因而具有较强的操作性，效果也比较理想。

1. 奥斯本检核表法的九大问题

奥斯本检核表法引导人们思考以下九大问题：

- 能否他用——现有事物是否有他用？在保持现有事物功能不变的情况下，能否将其用途扩大？对现有事物扩展认知的思路，对功能、技术、应用、材料等做微小的改变，看看能否有其他的用途？
- 能否改变——能否对现有事物进行颜色、味道、声音、品种、式样等方面的改变？改变后效果怎样？
- 能否借用——现有事物能否模仿其他事物？能否借鉴其他事物的经验？以前有没有和其他事物相类似的创造发明？能否将其他创新性设想引入现有成果？
- 能否扩大——能否扩大现有事物的应用范围？能否为现有产品添加新的功能？通过增加新的零部件，能否增加产品的价值、强度、使用寿命？
- 能否组合——能否对现有事物的原理、方案、功能、形状、材料、部件等进行重新组合？

- 能否缩小——能否将现有产品的某些部位缩小、减少或省略，使产品简单化？能否使现有产品实现自动化、省力化、微型化？能否对现有产品进行精简、压缩或分割等操作？

- 能否代替——能否用其他元件或材料代替现有事物？能否用其他功能、资源、结构、动力、设备、原理、方法、工艺代替现有事物的这些方面？

- 能否调整——能否对已知布局、既定程序、日程计划、产品规格、因果关系、思维模式进行调整和改善？

- 能否颠倒——能否将事物的上下位置、正反位置颠倒？

奥斯本检核表法对创造性思维训练有很好的启发作用，它所提出的问题迫使人去思考，使不愿思考或不愿提问的人能够尽快地突破心理障碍。提问，特别是提出有创造性的问题，本身就是一种创新思维的表现，同时可能隐含着一种新的创意。它扩展了人们的思考角度，明确了人们的思维目标，为创造性思维活动提供了最基本的途径，使创新者精力高度集中，思维目标不断更新，从而不断创造和构想出新的东西。

2. 使用奥斯本检核表法应注意的方面

使用奥斯本检核表法时应注意以下事项：

- 逐条核查不遗漏。

- 为取得更好的效果，最好进行多次核查。多次核查可以更加明确创造、发明的方向。

- 在进行每项核查时，应最大限度地发挥自己的创新能力和想象能力，这样才能激发更多的创造性成果。

● 根据实际需要，可以 1 人进行核查，也可以 3~8 个人进行检查。采用集体检查法，更容易相互激励，在集体性的头脑风暴中更容易产生出创新的成果。

除了上述方法，激发创新的方法还有很多，如头脑风暴法、思维导图法等。

第四节　班组创新管理机制建设

> 对于创新过程的引导、激励，比创新成果的激励本身更为重要。

班组创新管理机制建设有三大内容，即创新常态化、创新导出平台、创新活力平台，我们分别予以阐述。

一、创新日常机制——创新常态化

班组在创新常态化的工作中需做好以下方面工作。

1. 提升目标，激发创新

目标是动力之源，在心理学上通常被称为"诱因"，即能够满足人的需要的外在物。目标具有较强的刺激作用，能增强员工内在的动力，激发员工内在的潜能；适当地提升目标，相当于给员工一种责任和压力，激发出他们的创新热情。为了实现目标，班组成员会想方设法地开动脑筋，这时创新就可能产生。

发挥目标激励作用时，要注意以下几点：一是个人目标应该是企业和班组目标的分解和具体化，保持与班组、企业的总体目标一致；二是目标的高度要适当，若目标设置得太高，班组成员觉得不可能实现，可能会就此放弃；三是为了调动班组成员的积极性，目标的实现结果要与个人的切身利益相关；四是目标内容要具体明确，有定量化指标；五是既有近期的阶段性目标，又有远期的总体性目标。

2. 解决问题，体验创新

创新必须产生价值，因此创新不能脱离企业的实践，必须基于企业的实际需求、难题、问题而展开。问题是创新的重要来源之一。创新是对现实的超越，要实现超越，就要以"高标准、严要求"来审视现实中存在的不足和需要改善的地方，如此才能找到创新点。爱因斯坦曾说："提出一个问题往往比解决一个问题更重要。"班组长要培养班组成员发现、捕捉班组问题和不足的敏锐性，并鼓励他们思考问题，探求解决问题的根本方法。

一般来说，可以通过日常的训练来提高班组成员对认知问题的敏锐意识，如设置"每日一问"环节，将问题管理日常化。

3. 每日一思，思维训练日常化

创新能力源于创新思维。思维是设计图纸，知识是建筑材料，能力是能工巧匠。人类拥有浩瀚无穷的知识，运用知识的能力比知识本身更重要。

科学研究结果证明，人们的创新思维并不只是"灵光一现"，而是可以通过日常训练来积累，实现从量变到质变。每个普通人都拥有创新的能力，关键在于你挖掘了多少。

员工思维的训练要从日常做起。班组长可以每天或经常在班组内组织创意思维训练活动，通过案例讨论、头脑风暴等方式训练班组成员的发散思维能力、联想能力等。

4. 分享创新，培养创新氛围

创新往往在互动中产生，在思维的碰撞中产生。一个人的思维有其局限性，但是在团队的互动分享中，众人思维的碰撞、交流更容易激活个人的思维，新想法、新思想、新创意也更容易产生。

卓越企业的企业文化都积极倡导部门之间及部门内部的相互沟通和交流、分享和互动。在企业里营造宽松、平等、自由的氛围，是极其有利于创新产生的。例如，企业为员工提供让人羡慕的用餐环境，能够鼓励员工更多地进行交流，员工一边吃饭，一边分享观点，更有利于迸发出创新的火花。

所以，营造宽松、平等、自由的氛围，搭建班组内部正式或非正式的分享平台是很有必要的。

> **案例**

为了促进班组成员的有效沟通和思维碰撞,某移动通信公司客服中心各班组都制定了"创新沟通会"制度。创新沟通会不定期召开,针对特定主题或有时根本没有主题,通过创新接龙比赛、头脑风暴、水平思维法、六顶思考帽、日常用品创意讨论法等形式,激发班组员工的创新思维。员工可在会上介绍本人最近的一个创新点子,所有员工都参与进来,相互补充、相互启发、相互完善。

二、创新提案机制——创新导出平台

员工有了好的创意、好的点子之后,如何让这些创意被发现、认同并实现呢?这就需要一个创新的导出平台。这里有几种很实用的方法。

1. 合理化建议制度

合理化建议制度是企业将员工提出的有效提案付诸实践,并对提案者给予适当奖励的制度。合理化建议制度鼓励员工对企业内部现行的工作方法、流程、工具、设备等提出改善的意见或构思,把每个员工的智慧最充分地释放出来。

实施合理化建议制度要遵循以下要点:

- 针对性。建议应是针对在执行企业战略目标的过程中出现的问题提出的,注意力应放在改善目标、改善重点或改善计划上,而不是自由随意、自上而下的大讨论上。为了使大家提出的建议有的放矢，班组长可以依据企业或班组中最突出的问题策划一个主题，引导员工的创新方向。当核心问题是质量时，可进行"质量改善月"活动。

• 激励性。全员参与的广度和深度决定了合理化建议的广度和深度。激励措施是激励全员参与必不可少的一部分。激励包括精神激励、物质激励等。为了更好地激发和引导员工的活力和潜能，还应有宽松的环境，不能对员工施加太大的压力或寄予过高的期望，哪怕员工提出的是细枝末节的改善建议，也要及时给予充分的肯定。

• 持续性。合理化建议制度不是一时一事、一朝一夕的事，而是一项长期、持续推进的活动。因为改善无止境，合理化建议活动需要长期不懈地推进。

• 评议制。组织相关机构和人员应定期对员工提出的合理化建议进行评议。可成立专门的评审机构，及时公布评审结果。

2. 创新海选会

班组创新也可以搞"海选会"，在过程中要注意以下要点：

• 设置参选资格。无门槛限制，只要有好的创意和想法，人人都可以参与，要调动每个人的积极性。

• 设计赛制。可以采用淘汰制，逐级晋升。

• 制定评选标准。要公布创新评选的标准，做到公平、公正、公开。一般来说，创新的评选标准主要包括经济型、新颖型、开拓型、独创型、创新指数、发展潜力、影响力等。

• 成立创新评审团。成立由企业管理者、专家、基层人员甚至消费者等组成的评审团，对创意进行点评和评审。

- 创新奖励机制。获奖者将获得什么样的表彰和物质激励等，事先应公开做出说明。"海选会"后期，可策划一场大型的"创新成果展示会"，现场公布获得各类奖项的创新成果。

同合理化建议制度一样，创新"海选会"也可形成制度，定期开展，如每月或每个季度一次，长期进行下去。

3. 网络创新枢纽

在网络时代，创新的互动、分享、集成有了一种新的模式，即基于网络的创新枢纽。这种网络创新枢纽在某企业的成功上发挥了巨大的作用，值得其他信息化、网络化水平较高的企业借鉴。该企业花费数十亿美元打造出一个创新的网络枢纽，鼓励工程师将这里当作展示自己新点子的平台，企业员工可对这些新点子提出相关意见和建议。

该企业这一举措使得占用员工20%的时间自由研究的成果得以落实，转化为具体的产品。这些新点子得到完善后，就会被放在公共平台中向用户展示，征集用户意见。通过这个工具，该企业能及时对尚未推向市场的产品进行查漏补缺，使产品在推向市场后的反响更好。

三、创新激励机制——创新活力平台

班组成员的创新热情需要班组长去点燃、去激发。创新激励机制是创新型班组建设中不可或缺的环节。我们注意到多数企业里的创新激励主要是对创新成果的奖励，是基于结果的奖励。而实际上对于创新过程的引导、激励，比激励创新成果本身更为重要。因此，创新激励机制不仅仅要对创新结果进行奖励，更要对创新过程中员工的创意加以认同、尊重和激励。

我们认为创新激励可以分为以下三步，如图 4-1 所示。

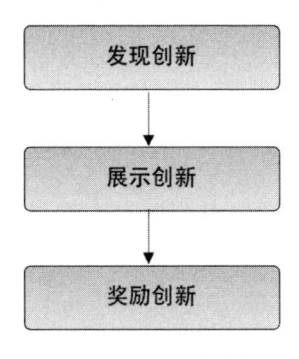

```
┌──────────┐
│ 发现创新 │
└────┬─────┘
     ↓
┌──────────┐
│ 展示创新 │
└────┬─────┘
     ↓
┌──────────┐
│ 奖励创新 │
└──────────┘
```

图 4-1　创新激励的步骤

1. 发现创新

要善于发现创新。在日常工作中，班组成员的小创意、小改善时时存在，班组长要具备一双发现创新的慧眼，及时给予激励和引导。具体操作方法是，在班早会、班晚会上加入"每日一新"环节，捕捉创新，共享创新。另外，每月选出"创新之星"，对其进行表彰。这样做可以时时发现创新，时时激励创新，营造良好的创新氛围。

2. 展示创新

不能将创新方案束之高阁，要给其一个展示的平台，在供大家分享的同时，也可以带动其他人进行创新。例如，在班组例会上，创新者发布其创新方案，全体成员共同探讨、交流和完善，同时对创新者进行嘉许。

3. 奖励创新

要对创新的成果进行物质奖励和精神激励。

• 物质奖励。企业或班组要有一套成熟的创新评议机制，根据创新的价值大小，给予不同的物质奖励。这是一种最常见的激励方法。

• 精神激励。班组创新，对于创新者来说，物质奖励往往不是最大的诱因，更大的激励来自他人的认同、尊重及自我价值的实现。例如，以创新者的姓名命名创新项目，通过内部会议、报纸、广播、宣传栏等对创新者给予公开嘉奖等。要让员工的每一个积极行动都得到认同和尊重，使每一个创新者获得自我价值实现的快乐感。

在企业里，没有消极的员工，只有不正确的管理机制和管理方法。只要给员工提供一个展现自我的平台，只要对员工的改善意见、提案给予积极的引导、肯定，同时辅以必要的物质奖励、精神激励，员工的创新热情终将被点燃。

第五节　创新型班组建设实例

> 创新基于对日常工作中问题的总结和反思，要从问题中碰撞出创新火花；创新要以团队协作为基础。

我们为某移动通信公司的一客服中心提供了"创新型班组建设"咨询式内训，在培训效果转化阶段，客服中心的班组长们结合自己的工作实践，产出了诸多创新成果，涵盖了从理念到机制再到方法的一系列创新，这也让我们看到了隐藏在基层人员中的强大的创新能量。现在我们就来看其中的一个案例。

案例

东 A 客服中心话务一室在创新过程中曾经遭遇了一大瓶颈：尚没有找到较好的提案创新的工作方式。经过我们的班组长技能提升培训之后，他们懂得了一个道理——创新是以团队为基础的，并非单单依靠个人的力量，协作非常重要。于是，话务一室主动与话务三室联合起来，组成了自主创新的虚拟团队。

创新源于问题，基于对日常工作中问题的总结和反思。话务员们总结道，在向客户推介业务或介绍优惠方案时，客户总以为公司在哄骗他们，这引发了话务员们的思考：如何才能更好地为客户服务并赢得他们的信任？

大家在共同交流、沟通和头脑风暴的过程中，创新的内容便产生了：

- 理念创新：VIP 理念，从营销服务到理财服务。
- 思维创新：从营销思维到理财思维——帮助客户理财。
- 方法创新：将每天的时间分为"易营销"和"难营销"两个时间段。
- 形式创新：将单纯的营销方案转化为理财方案。
- 行为创新：整合成册，系统支撑，统一解释口径，做好总结与计划，开好营销经验共享会。
- 流程创新：结合客户的需求和实际情况，为其量身定制理财方案。

在好的创新方案产生后，还要将其落到实处，才能称之为真正的创新。因此，自主创新小组又进行了具体分工，每个人负责其中的一个模块，按模块推进和落实（具体内容和过程略）。

第五章

人本绩效型班组建设

企业的成功本质上在于创建了一套适合于本企业发展的机制和文化，激发了基层人员的潜能和活力，促使基层员工主动持续地进行改进、创新，从而创造出高绩效。企业要实现高绩效，关键是建立一套使员工能够自动自发地进行学习、思考、改善、创新的好机制，即要建设以人本精神为核心的高绩效班组，真正给员工思考的空间，激发出他们的智慧。

第一节 什么是人本绩效型班组

> 激活人的潜能，调整人的思维，鼓舞人的士气，发挥人的特长，实现班组高绩效，这是人本绩效型班组要达到的目标。

人本绩效型班组建设的核心并不在于绩效考核本身，而在于绩效实现过程中对人如何管理，即如何通过激活人的潜能、调整人的思维、鼓舞人的士气、发挥人的特长等以人为本的方式来实现班组高绩效。

一、人本绩效型班组建设的必要性

建设人本绩效型班组，关键在人。绩效管理，并不是简单地通过一套制度和考核体系就可以管控出效果的。人是企业绩效的源泉，绩效管理的着力点当然是对人的科学管理，具体是对人的情绪、思维、精神和工作方法的系统管理。绩效管理必须遵循"先人后事"的原则，才能把人的精气神激发出来，从而使绩效得以提升。

案例

呼班长在一次工作检查中发现班员小李没有按照要求进行煤质化验工作，严厉批评了他。自那次事情之后，呼班长发现小李工作态度十分消极，自恃资格老，对布置的工作全凭自己当时的兴趣和心情来完成。尽管呼班长多次找小李谈话，要求他增强工作责任心，但都收效甚微。呼班长用绩效考核评定的方法试图改变他消极的工作方式也不见效，反而起到了相反的作用。小李认为呼班长是有意和他作对，对分配的工作更是寻找各种借口推诿。

呼班长认真观察了小李几天的表现后发现，其实他工作能力还是很强的，只是自身存在着一些问题，而且性格倔强。于是呼班长将班组中比较有挑战性的工作交给他做，并与他一同分析工作中的难点，同时充分肯定他的工作能力及工作成绩。当他圆满完成工作任务后，呼班长在第一时间向他表示祝贺，并在全体班组成员面前表扬他，感谢他为班组做出的努力和贡献。在班组会上，呼班长特别提出并分析了他的工作成绩，称赞了他的工作能力。同时，建议全体班组成员积极向小李学习，并让他帮助其他技术业务能力弱的班组成员。渐渐地，小李转变了工作态度，成了班组中活跃的技术骨干。

尽管我们在技术、产品创新以及市场上不断取得进展，然而大多数人并不满意自己在现有工作岗位上取得的成就。其中大多数人感觉尚不能充分发挥个人的才智和能力，不能充分得到他人的认可和尊重，不能全面获得自我成就感和实现感，同时又觉得自己对此无能为力。

要建设以人本精神为核心的高绩效班组，我们必须转变管理思维，变约束人、考核人、控制人为启动人的精神、调动人的激情、激发团队的士气，进而激发团队的潜能。到了那个时候，班组绩效的提升就水到渠成了。

二、人本绩效型班组的特征

人本绩效型班组具有以下特征：

• 注重人的思维方式的管理，注重人的积极、主动、超前习惯的培育。

• 培养人的阳光心态，使员工始终保持工作激情，勇于挑战挫折，具有拼搏攻关的精神。

• 实施透明化的管理方式，使沟通工作彻底、透明、直接。

• 改善成为常态化，成为人的行为习惯。

第二节　人本绩效型班组管理模式

> 改变用人的哲学观，改变管人的思维，用激发人的精神的管理方法，建设高绩效班组。

基于人本精神的班组管理模式是什么？我们从管理理念、管理思维、管理方法三个层次来阐释。

一、"经营人"的管理理念

1. 改变用人哲学观——变"控人""管人"为"经营人"

"经营人"要了解员工的价值观和思维方式，通过有效沟通、案例教学、纠正错误的方式，引导员工树立正确的价值观。

"经营人"要发现、了解员工的特长，用其所长，避其所短，让员工获得自我成就感和实现感。

"经营人"要时时刻刻发现员工的进步和改善点，及时予以认同和激励，激发他们的热情和士气。

"经营人"要关注、关心员工，了解他们的困境，解决他们的困惑，帮助他们成长。

2. 改变运作流程——先人后事

人是一切行为的起点和落脚点，充分了解人和认知人，你将无所不能。同一件事，不同的人来做会有不同的结果，这源于人的思维、素质等的差异。错误的事情背后一定是人的错误思维、机制或方法在作祟，因此，解决问题要先从人入手，把人作为关注的焦点，先把人的问题解决了，才能从根本上解决问题。绩效管理遵循"先人后事"的原则，就是要把人的素质、技能提升放在优先的位置，考虑的是如何将人的精神和潜能充分激发出来，而不是简单地通过绩效考核的方法对事后的结果进行评判和奖惩。

3. 改变驱动程序——执行"由内到外"的驱动原则

人的行为取决于人的动机。动机的驱动力有两种，一是内驱力，二是外驱力。很多企业将员工放在被驱动的位置上，惯于使用强制、监督、考核、物质奖励等外部强加的力量来驱动员工，这是不能长久的。

对于管理者而言，调动员工的积极性，最根本、最有效的手段还是要发现和发掘员工的内驱力，进而利用和强化员工的内驱力。那么员工的内驱力有哪些呢？

美国哈佛大学教授戴维·麦克利兰认为个体在工作情境中有三种重要的动机或需要：

- 成就需要：争取成功及追求成功之后的个人成就感。
- 权力需要：影响或控制他人且不受他人控制的需要。
- 亲和需要：寻求被他人喜爱和接纳的一种愿望。

具体到班组管理实践中，就是要求班组长：

- 为班组成员提供自我实现的平台，发挥其特长，实现其价值。
- 变班组成员的被动管理为主动参与管理，人人都是主角。
- 及时关爱、认同、嘉许班组成员。

4. 改变推进方向——实行"由下而上"的驱动程序

由下而上地推动是尊重基层员工想法和价值的体现。当你做出决策或者是要解决一个难题时，独自思考，独自决策，然后由上至下地去推动、去执行，往往不会起到很好的效果，容易出现不被员工认同、执行不到位等问题。而由下而上地驱动则能让广大基层员工参与管理，共同努力，找出对策和方法，自主去寻找新方法，去解决问题，去创造高绩效。

5. 改变思维方式——培养"以终为始"的思考习惯

在美国著名管理学大师史蒂芬·柯维所著的《高效能人士的七个习惯》中，以终为始的思考便是七个高效习惯之一。以终为始的思考就是先确定目标，然后所有的行为都围绕着这一目标展开，进而实现目标。以终为始的思考方式能把资源聚焦在最需要的方面，根据目标来选择最佳的方法或最短的路径，是一种高效的思维模式。

二、"以员工为中心"的管理思维

人本绩效型班组的管理思维主要体现为四个方面。

1. "以员工为中心"取代"以主管为中心"

以员工为中心，就是把员工作为班组的主人来对待，而不是单纯地把他们看成被管理者。这样，班组由一人管理变成民主集中式的管理，有利于调动班组成员参与管理的积极性。

2."以指导为中心"取代"以监督为中心"

班组长要从监督者变为指导者，想方设法地去激发员工的斗志、热情，而不是简单地要求进度、质量、效率、结果。

3."以评价为中心"取代"以考核为中心"

高效的管理方式不仅仅是反馈给员工绩效考核的结果，还要在绩效产生的过程中重点评价员工的思维和行为，并及时将信息反馈给班组成员。绩效考核给员工的只是一个结果而已，而绩效评价是对员工正确思维和行为的及时肯定和激励，对错误思维和行为的及时纠偏。

每个员工在内心深处都希望能够了解别人对自己的评价，了解自己的工作方式或方法是否得当。及时对员工的优点、缺点做出评价，能激励员工持续发挥所长。同时，帮助员工改善其短，使员工的前进方向不产生偏误。

4."以过程为中心"取代"以结果为中心"

传统管理往往是做好了奖钱，做差了扣钱，其实这对提高绩效的作用有限。因为绩效的产出本质上与人的职业素质高度相关，而这不是简单地通过物质激励就能解决的。比如，到月底员工的业绩考核出来了，我们看到的只是一个结果，而这期间员工的精神、心理、情绪状态如何变化是无法从这个结果反映出来的。如果员工缺乏团队精神，没有进取心，或者失落和遭遇失败时没人关注，仅靠一个绩效结果是无法全面反映这诸多情况的。

我们每天都在做一件事情，这就是过程控制。我们力求实现每个目标的过程，实际上是控制自我，战胜惰性，不断调整自己的精神和心理状态，做好工作，提高能力的过程。所以要做好一项工作，一定要以过程为中心，将过程中的每一个细节做到完美，结果也必将是完美的。

三、"创建精神平台"的管理方法

人本绩效型班组建设以激活人本精神为根本出发点，班组长的一个重要责任就是搭建好班组成员精神价值实现的平台。

精神平台创建的基本模式是发现并认可员工的优点和个人特质。每个人都有长处和缺点，每个人都有不同的贡献点和闪光点。当长处被充分地发现和利用后，人的价值就会最大化，人就会变得无限忠于事业、热爱工作，实现从适应工作、为生计而工作到喜欢工作、热爱工作的根本转变。

我们可以将人的精神需求层次这样列出来：第一是被发现和被重视，第二是参与，第三是表现，第四是负责任，第五是使命。

1. 被发现和被重视

可通过公开嘉许的方式去认同、激励员工。例如在每天的班晚会上，根据班组成员的精神士气、绩效成果、改善创新点等若干要素对班组成员进行五级评价，点评当日标杆的事迹、精神，予以嘉许，并组织全体班组成员观摩学习。每月选出班组之星，将当月在绩效、协作精神、改善创新、生产安全等方面表现优异的班组成员列为标杆，大张旗鼓地予以表彰。

2. 参与

让员工参与到他所擅长的工作中，全程参与管理。例如让有特长的人参与到班组管理的相应模块中或者与此相关的项目推进小组中。

3. 表现

让员工将自己的特长、经验以案例分享的形式传授给其他同事。例如让有特长、绝活的员工在班组的天天案例会上或者学习会上分享其成功经验和案例，与大家一起进行深入探讨。

4. 负责任

通过责任激励的方法，对员工委以重任，让他的潜能和长处得到最大限度的发挥。

5. 使命

使命是激励的最高境界，是一种最高级别的推动力。有使命感的班组完全能够做到自动、自发、自觉，能够不断创新，战胜挫折，创造出令人瞩目的绩效。

第三节 班组绩效全过程管理

班组绩效全过程管理包括绩效目标制定与沟通、绩效辅导、绩效考核和绩效反馈。

一、绩效目标制定与沟通

绩效目标作为绩效管理的首要环节，是整个绩效管理的基础。没有明确的绩效目标和绩效标准，不但考核无从谈起，更谈不上主管对员工进行相应的辅导。

1. 绩效目标制定

制定绩效目标要遵循以下原则：

• SMART 原则：目标是具体的（Specific），即明确做什么，达到什么结果；目标是可衡量的（Measurable），最好能用数据或事实来表示，如果太抽象，没有量的标准，就无法对目标进行控制；通过班组成员的努力，绩效目标是可以达到的（Attainable）；班组的目标是与企业的总体目标高度相关的（Relevant），班组目标是对上一级目标的分解；目标是以时间为基础的（Time-based），目标完成要有一定的期限要求。

符合上述原则的目标就是一个有效的目标。否则，绩效目标便模糊不清，难以起到激励、调动和约束作用。

• 充分沟通原则：班组绩效目标的实现要靠班组每一个员工，因此在目标制定的过程中，要全员参与，对目标设定的标准以及目标实现的方法、奖惩措施等进行充分的沟通。

• 人人担当原则：将班组目标细化，明确每个岗位、每个员工应该承担的责任，应该做哪些改进和提升。

• 透明化原则：目标执行容易实现难，因为要实现目标必定要克服各种困难和障碍，人们容易懈怠或放弃，甚至遗忘，所以，要将班组目标及个人目标透明化，即张贴在相应看板上，形成时时提醒、时时监督的机制。

2. 绩效目标沟通

在绩效目标设定阶段，如果班组长只是简单地将设定好的目标发布出去，没有与员工进行任何交流，再完美的目标也形同虚设。你会发现，员工对实现目标毫无紧迫感、压力感，积极性低下，目标实现遥遥无期。要知道，在绩效目标设定阶段，重要的不是简单地制定绩效目标，而是绩效目标的沟通和反馈。

绩效目标沟通的内容主要有：

• 让员工清楚地了解绩效目标：企业的整体目标是什么？为了完成这样的整体目标，车间、班组的目标分别应该如何制定？实现目标的意义何在？

• 对员工的期望：为了达到这样的目标，对员工的期望是什么？对员工的工作应当制定什么样的标准？员工应该提升哪些方面的能力？

• 企业、车间、班组为实现目标能给予哪些支持和帮助？

• 绩效目标的考核奖惩方法是什么？检查方法和措施是什么？

• 与员工一同探讨实现目标的举措和方法。

• 让每个员工根据班组的目标制订个人计划，并向班组全体员工做出承诺。

良好的绩效目标沟通可以达到以下目的：

• 让员工对班组、他人和自身的目标有全面的了解，进而在实现目标的过程中心中有数，不会发生只埋头干活，不抬头看路的情况。

- 变员工被动管理为主动接受管理，避免员工与班组长之间的博弈，员工执行起来会更顺畅。
- 鼓舞员工的士气，调动员工的积极性。
- 就措施和资源保障等情况进行沟通，让员工感受到班组长的全力支持，从而对实现目标充满信心。
- 群策群力，发挥员工的创造力，为实现目标提供好的做法和路径。
- 识别人才。如果员工对目标完成的方法有独到的见解或创意，对实现目标的各项要素了如指掌，这样的人就有可能是未来班组的栋梁之材。

二、绩效辅导

班组的绩效是"辅导"出来的，而不是"考核"出来的。班组长布置完任务后，并不是撒手不管，当甩手掌柜，而是要时刻关注绩效实现的过程，十分注意员工情绪的变化，激发员工的士气，调动员工的积极性，努力提升员工技能，协助员工解决难题。对员工进行绩效辅导应该成为班组长的日常工作之一。

1. 绩效辅导的内容

绩效辅导应包含如下内容：

- 当员工情绪低下，积极性、主动性不高时，班组长应该及时去沟通和关心，帮助员工调整心态，提高士气。

- 当员工技能不足或者方法不当时，班组长应当当好教练和培训师，及时将相关知识、经验和技能传授给员工。
- 当员工遇到困难时，班组长应该想方设法，帮助员工分析原因，解决困难。
- 及时对员工的绩效行为和结果做出评价。班组长应该经常与员工沟通，对班组成员的精神面貌、工作方法和策略、业绩等进行点评，分析每个员工有哪些进步点和好的做法，及时予以嘉许和激励；有哪些不足点，及时给予帮助解决。这样做的好处是：随时跟踪和了解任务的执行情况，便于在第一时间发现问题，及时纠正，及时解决，及时发现优点，及时肯定激励。
- 对目标实现的关键节点进行控制。

2. 绩效辅导的时机

绩效辅导的时机要因地制宜、因时制宜，既可以面向全班组成员做共同性的辅导，也可以进行一对一的个性化辅导，要把绩效辅导贯穿于目标执行、实施的全过程，使例行和随机的辅导成为常态。

3. 绩效辅导的方式

可以通过例会、正式交流、非正式交流、例行检查、文件汇报等多种形式进行绩效辅导，主要不在于形式，而在于实际的辅导效果，避免花架子和形式主义。绩效辅导本身也要考量投入产出比。

三、绩效考核

有效的绩效考核是确定班组成员奖惩的重要依据，可提高班组成员的工作绩效，激励士气。

要使绩效考核收到效果，需注意三点。第一，要以科学的定量化、可执行的考核标准为依据，而不能以班组长的主观想象为依据。第二，必须遵循"三公"原则。公平、公正、公开是绩效考核的基础性、根本性原则，缺乏公平、公正、公开的考核，只会起到负激励的作用。第三，与奖惩结合起来。考核结果要分等级、大小、优劣，与工资、奖金、福利、荣誉等物质奖励和精神激励挂钩。

四、绩效反馈

绩效反馈是绩效管理过程不可缺少的重要环节，它是指班组长通过面谈的方式，就员工的绩效情况进行沟通，肯定成绩，提出表扬，同时，指出工作中的不足，提出改进的方法。

1. 绩效反馈的目的

绩效反馈通常能达到以下目的：

- 双方沟通式的绩效反馈，可以避免班组长的主观意志可能带来的问题，使班组长和员工对评估结果达成一致看法。
- 双方共同探讨绩效未达标的原因，班组长给予悉心指导，协助制订绩效改进计划。
- 向员工传达领导的期望，让员工知道做得好与不好的结果。

2.绩效反馈的原则

绩效反馈应遵循如下原则：

• 经常性原则。绩效反馈应当是经常性的，而不是一年一次。这样可以及时发现问题，及时纠偏，及时解决。

• "三明治"原则。绩效反馈沟通的第一层是充分肯定员工的成绩，第二层是指出哪些地方还需要改进，第三层是鼓励员工做出新的努力。

• 多提问，多倾听，少发号施令。建议班组长把80%的时间留给员工，20%的时间留给自己，而在自己这20%的时间内，将其中80%的时间用来提问，剩下20%的时间用来"指导""建议"。班组长通过提问，引导员工自己思考和解决问题，而不是居高临下地告诉员工应该如何做。

• 多激励，少批评。不要将绩效面谈变成"批判会"，对于员工的不足，要从帮助员工提升、改善的角度，分析原因，找出改进方法，而不要用激烈的言辞去批评，甚至冷嘲热讽。要给予员工更多的关怀和鼓励，给员工以信心和支持，让员工用积极的心态去应对之后的工作。

3.绩效反馈的内容

绩效反馈应包括如下内容：

• 本次评估结果说明。班组长要把本次评估的结果向员工做出说明，同时要解释为什么是这样的结果，让员工感到班组长的评估是有理有据的，以消除可能产生的误会。

• 本次评估结果分析。与以前的绩效评估结果相比，有哪些进步之处，员工的哪些表现值得表扬。同时，帮助员工分析、提炼成功因素，推广好的做法，供班组其他成员借鉴。如果没有完成绩效目标或者退步了，则需要分析原因，是企业的激励政策不到位，自己领导力不足，还是员工情绪低落、能力不足造成的，或者是外部市场、环境发生了变化，等等。如果是员工技能不足，就需要加强辅导，安排相应的培训；如果是员工对班组长有不满情绪，就需要与员工开诚布公地沟通，消除员工的不良情绪；如果是员工自身的态度问题，就需要开导教育。

- 下一阶段目标交流。绩效管理是一个循环往复的过程，一个考核周期的结束，意味着下一个考核阶段的开始。因此，对未来目标的确定就成了本次沟通的重要组成部分。双方就下一阶段要实现的目标达成共识，讨论出对应的措施和支持条件。

第四节　打造高绩效班组现场

打造高绩效班组现场，一是要消除现场浪费，二是要精打细算，三是要推进全员降成本增效益。

高绩效班组建设最终一定落脚于班组现场管理。提升现场绩效需要调动基层一线人员的潜能和智慧，通过大力推进"降成本增效益"活动，持续改善班组绩效。

一、消除现场的十大浪费现象

企业班组现场存在着大量的浪费现象，常常被我们视而不见。

1. 生产过剩

生产过剩的浪费是企业浪费之首。所谓的生产过剩，有两种表现形式：一是在规定的时间里生产了数量过多的产品；二是生产任务提前完成，比计划交期大大提前，致使产成品压库，占用资金。生产过剩的浪费包括付出额外的劳务费、折旧费及由此导致的运输和库存费用等。

消除生产过剩浪费的方法是"按需生产""以销定产""适时生产"，就是根据顾客订货的数量和时间，在一定的时间内生产出必要数量的产品。

2. 现场等待

等待的浪费是指设备停工维修、存货用完等原因导致员工暂时没有事情做，或者员工必须站在一旁等候下一个处理步骤、工序、供应、零部件等，造成人工、设备、时间闲置等的浪费。形成等待的原因通常有作业安排不当、作业进度不平衡、停工待料、原辅材料质量问题等。

要消除等待浪费，就要合理安排工作流程，做好原料、设备、人员的准备及协调工作。

3. 不必要的运输

有人认为运输是必需的动作，因为没有搬运就无法进行下一个动作，也有人想到用输送带的方式来进行运输，但这种方式花了大价钱，仅仅减少了体力的消耗，并没有达到消除不必要的运输动作的目的，只是将问题掩盖起来了。有效消除搬运浪费的方法是重新布置生产布局，尽量减少上下工序之间的搬运距离和次数。

4. 过度处理或不当处理

过度处理或不当处理主要包括：采取不必要的步骤处理零部件，工具与产品设计不良导致多余的动作或瑕疵，因高于产品的规定要求而必须增加投入等。

过度处理或处理不当都属于浪费，消除此类浪费的根本方法是提高管理者控制工序的能力。

5. 存货过剩

库存不合理，尤其是库存过大，会造成搬运、堆积、放置、防护处理的浪费，库房占用、库存保管的浪费，资金占用的浪费，物品破损的浪费，以及因物价贬值造成的浪费等。

此外，过多存货还可能造成其他隐藏的问题，如生产不均衡、供应商延迟递送、瑕疵品增多、机器设备停工、拉长整备期等。要消除存货浪费，就要引入精益生产模式，合理控制库存。

6. 不必要的动作

员工工作过程中的任何不必要的动作都是一种浪费，如寻找、拿取、堆放零部件和工具，来回走动等。

消除不必要动作的方法是进行动作的科学分析。科学管理之父弗雷德里克·温斯洛·泰勒创立了一种独特的"动作研究"理论，用于研究员工的动作中哪些动作是必要的，哪些是不必要的。明确了这些，就能让员工省掉很多不必要的动作，减少动作浪费现象。

7. 不良品的浪费

不良品的浪费是指生产出不良品或必须返工的产品。不良品一旦生产出来，即使经过返工变成良品，也会增加维修费用。而如果不良品无法修复，那么人力、物力、原材料的浪费则更大。

产生不良品的因素主要有：人为操作失误，如看错图纸等；设备、工具不稳定；员工不按标准作业，如非标准产品按标准产品加工等；原材料本身质量不合格等。

减少不良品浪费的关键是第一次就做合格。为了杜绝不良品反复出现，必须深入分析不良品产生的原因，从根本上解决不良率高的问题。

8. 机器设备的浪费

机器设备的浪费包括：机器未获得充分且正确利用的浪费；由于疏于日常保养，造成机器经常停工和等待维修的浪费；仍然对应该报废的机器进行修理，结果比买新机器还要花费更多的费用；对仍具有使用价值的机器提前报废导致的浪费等。对此，应教育员工合理使用机器，及时维护保养，并尽力实现设备价值最大化。

9. 意外事故

意外事故会带来直接损失以及停工的浪费。员工安全意识淡薄、违规操作、安全保护措施不到位、未在适当地方标记危险符号、安全检查不到位等，都有可能造成意外事故，从而造成浪费。因此，班组应制定切实可行的安全细则，并将其植入每一个一线员工的意识里，采取有力的预防措施，做好安全工作。

10. 人力资源浪费

人力资源的浪费是最根本的浪费，是一切浪费的根源。人力资源浪费包括员工冗余、员工出工不出力，员工的创意、智慧、潜力等未能发挥和利用等。要消除人力资源浪费，就必须合理安排工作岗位，保证合适的人在合适的位置上，并积极采取措施激发员工的活力，提高他们自主工作的热情。

二、精打细算节约成本

实施成本控制是产出高绩效的方法之一。人们将成本控制的执着形象地称为"拧干毛巾上最后一滴水"。

成本控制的有效措施主要有三点。

1. 向管理要成本

若管理者成本意识不强，在成本控制和材料管理上懈怠，几万元、几十万元，甚至成百上千万元的资金就会在不知不觉中流失。而明晰班组财务制度，进行严格管理，就能节省成百上千万元的资金，这些资金就是实实在在的"绩效"。因此，班组成员要在平时做好材料和工具领用、财务报销等工作。

2. 向技术要成本

革新一项技术、改善一项工艺或流程，都可以为企业创造效益。因此，企业管理者和班组长要鼓励员工进行技术创新，在每个技术环节上下功夫。

案例

创新是引领发展的第一动力，在新质生产力中起着主导作用。某化工企业根据发展需要和现阶段的问题，制定了降本增效的目标。这时，该企业正好在推进班组建设工作，这项管理举措也直接作用到了降本增效的目标上。该企业采取了一系列举措，增强了员工的创新意识，提高了技术创新能力，在企业中形成了良好的创新氛围，也达到了降低成本的目的。那么，这家企业是如何做的呢？

企业层面，建立技术创新激励机制。企业制定全面的技术创新激励制度，明确激励等级和激励方式，健全技术创新的评价标准。激励机制的建立，一方面从企业层面宣贯了技术创新的重要性，另一方面也调动起广大员工的技术创新热情。该企业进行过统计，在推行技术创新激励之后，公司的技术创新专利、降本数据等都有了显著的变化。

车间层面，搭建技术创新PK赛台。企业各个车间基于不同的工作属性和工作岗位建立技术创新PK赛台，基于赛场机制的理念，推进常态化竞赛，在持续推进员工技术创新热情、提升员工技术创新能力的同时，以降本数据为表征形成了有趣的"得分"机制。

班组层面，多样化实践技术创新。各个班组基于自身的实际情况，立足于班组建设工具、方法的应用，以降本为导向推进多样化的技术创新，比如，在实验中应用新材料，不断推进精益化设计工作流程，等等。

3. 向细节要成本

"细节决定成败"，这句箴言也适合于班组的成本控制。在日常的生产工作中，很多不被注意的细节，乍看上去似乎无关痛痒，但是积少成多，累积起来将会是一项巨大的成本开支。比如，生产现场的"跑冒滴漏"现象，办公室中的"三长"现象，即长明灯、长亮屏、长冷气。

案例

孙经理是一家电力企业的财务部经理。财务部作为企业组织的支持保障部门，似乎跟企业的创值创效没有直接关系。这个观点孙经理完全不认同，她认为虽然职能部室不是企业生产一线的"战斗班组"，但作为后方的保障部门，在日常的工作中，降低成本就是创值增效。在这个理念的指导下，孙经理和财务部的员工们实践形成了"一日节，日日增"的降本工作模式，将在细节中控制成本落实到每天、每刻、每个场景，积少成多，最大限度控制成本，实现创值增效。

"一日节，日日增"，将财务部日常工作进行总结梳理，在空间上进行场景化设计，在时间上进行流程化设计，并将精益工具、班组建设工具等有机融合进来。

比如，每天早上的工作例会，通过设计清晰简单的会议流程，降低开会成本，节约时间，提升工作效率。每个员工下班离开的时候，如果看到还有同事没有离开，那么一定要提醒这个同事记得关电脑、关空调、关灯，最后一个离开的员工要对各种电器、各个细节进行逐一检查。

再比如，日常办公用品的申领要做好记录，非正式的文件要用纸张的反面打印，每支中性笔要专人专属，等等。

这种从细节上控制成本的方式，不但提升员工的降本意识，也取得了良好的工作成效。这种方式也得以在其他部室推广，并被集团其他企业的部室借鉴。

三、充分挖掘员工潜能，推进全员降成本增效益

基层员工潜能的浪费是最大的浪费，班组绩效改善需要凝聚班组全体成员的智慧和力量。将班组成员的潜能发挥出来，是消除班组现场浪费、提高班组生产效益的根本途径。具体可以从以下几点着手。

1. 培养绩效改善意识

从班组成员的成本意识、节约意识入手，利用班早会、班晚会与班组成员探讨降低班组成本、提高生产效益的好方法、好建

议。鼓励班组成员细心钻研，找出班组降低成本增加效益的改善点。

2. 提升绩效改善能力

利用班早会，开展"每日一题"活动，学习标杆企业现场管理、消除浪费、节约成本的方法，并结合本班组实际，提出改善方案。

3. 推进降成本增效益活动

在班组内长期推进全员查漏洞、全员做改善的活动，营造出全员参与的大环境、大氛围。表5-1为"降成本增效益"改善提案表。

表5-1 "降成本增效益"改善提案表

提案名称		提案日期	
改善原因			
改善前情况			
改善方法	包括方法、预期投入、所需支持等		
改善后情况			

（续表）

改善收益预估	包括有形收益和无形收益
审评意见：	
备注说明：	

4. 激励到位

对班组成员的降成本增效益活动及时给予公开的表扬和激励。同时制定一套激励措施，对在降成本增效益活动中提出切实可行的改善意见的班组成员进行物质奖励与精神激励。

第六章

精细化型班组建设

世界500强企业麦当劳可以说是精细化管理的标杆，它在全球拥有四万多家餐厅，其统一、高品质的服务完全得益于精细化的标准和流程。麦当劳在精细化管理上下足了功夫，精益求精简直到了苛求的程度。稍加研究，我们会发现，麦当劳的词典里没有"大概""差不多"等模糊的词语，而是"凡事有标准，标准都细化"，它将精细化、标准化、科学化的管理理念渗透于麦当劳的每一个管理环节，深植于每一个员工的意识。这就是麦当劳全方位、全流程、始终如一保证高品质产品的秘诀所在。

比如，麦当劳在供应商的选择、管理、考核等方面完全形成了一套完整的、细化的管理体系。它对薯条的规格要求是：长度为12厘米的要达到20%左右，7~12厘米的要达到50%左右……对送至餐厅的每一个面包，麦当劳还有形状、颜色、对称、切片、孔眼大小、孔眼细密度、重量、宽度、高度、直径、切割度、糖分及成分等方面的统一标准。所有薯条均采用"芝加哥式"炸法，即入锅先炸3分钟，捞出来冷却，然后再入锅炸2分钟，从而使薯条更香更脆；与汉堡包一起卖出的可口可乐，据测在4摄氏度时味道最好，于是全世界麦当劳的可口可乐统一规定储存在温度为4摄氏度的容器中；面包厚度在17毫米时，入口味道最美，于是所有的面包都做成17毫米厚；面包中的气孔在5毫米时最佳，于是所有面包中的气孔都规定为5毫米。

在服务上同样都有精细化的管理要求，这些定量化、可操作、可执行的标准都在麦当劳的员工手册中予以体现。

麦当劳对细节的追求，使之成为全球著名企业。我们创建精细化型班组，长期不懈地遵循麦当劳精益求精的原则，同样可以成为一流班组。

第一节　精细化管理在班组

> 班组的精细化管理，就是要做到管理横到边、竖到底、无死角。

精细化管理是企业管理的必然趋势，精细化管理是企业走向卓越的基础！

一、什么是精细化管理

管理要横到边、竖到底、无死角，明确一件事情由谁来负责，什么时候做，如何做，做到什么标准，谁监督，做得好有什么奖励，做不好有什么处罚。但是，很多企业存在权责不清、制度不全、流程不畅、标准不细、管理不严、执行不力等问题，致使产品质量总是存在这样那样的缺陷，效益不佳，企业成长受阻。所以，企业必须建立精细化的管理模式。

什么是精细化管理？精细化管理是一种精益求精、追求完美的文化；精细化管理是一种管理方式的转变，是从人治到法治，从随意化管理向规范化管理，从经验型管理向科学型管理，从粗放型管理向集约型管理的转变；精细化管理是一种科学的管理方法，建立在目标明、权责清、流程顺、标准细、制度硬、管理严的基础上；精细化管理是一种关注细节，坚持做好每一件小事的强烈意识；精细化管理是企业文化落地的具体表现，是职业意识、责任意识在工作中的具体反映；精细化管理是企业战略落地的管理平台，是将企业战略、经营目标层层分解、步步落实的运行系统；精细化管理是企业绩效产出的管理平台，是全方位、全过程、全员评价工作成果的管理模式。

我们还可以这样来理解精细化：

"精"即精益求精、精简创益。

• 去粗取精，即管理要瞄准企业的核心要素，使有限的资源发挥最大效能。

• 精干，将企业运行中所有的无效活动加以识别和消除。

• 简单，用最简单的方法实施管理。"大道至简"，简单即是效率。

"细"即细致入微、细化到底。

• 入微，即"天下大事，必作于细"，管理重细节，管理无小事。

• 周密，即人人有标准，事事有标准，时时有标准，处处有标准；人人抓落实，事事抓落实，时时抓落实。

• 末梢，即终端控制，把着力点放在基层班组的建设上。

"化"即形成文化、培育组织。

• 精细化文化的形成过程。

• 人员素质的提升过程。

• 精细化思维方式的渗透过程。

• 精细化组织行为习惯的培育过程。

• 精细化流程文化系统的打造过程。

二、有必要实施精细化管理吗

精细化的管理方式是企业的必然需求。只有经过精细化管理这场改革，企业才能真正壮大起来。

1. 精细化管理是微利时代的要求

企业面临着越来越激烈的竞争，众多行业的平均利润率逐年下降，商品的暴利时代已经终结。企业只有加强内部管理，通过精细化运作方式来减少浪费，降低企业的运营成本，才能向管理要效益。

2. 精细化管理是消费标准日渐提高的要求

消费者的消费观念已渐趋成熟，对产品品质、功能、外观等要求越来越高，个性化的消费需求特征也越来越明显。企业为了满足顾客的不同需要，不得不向精细化管理转变。

3. 精细化管理是避免市场同质化的要求

随着市场竞争的加剧，产品同质化现象越来越严重。在这种情况下，谁的产品更人性化、更贴近消费者，谁就略胜一筹。这就要求企业从更细微处入手，创造出自身产品的差异化竞争优势，向差异化要效益。

4. 精细化管理是企业实现自我跨越的要求

先进企业都有一套精、细、实的管理机制。企业欲想与世界一流企业一决高下，精细化管理是必由之路。

三、精细化型班组的"三易"特征

精细化管理的实现在于班组,精细化的企业建设要以精细化型班组建设为落脚点。我们根据中国古人的深厚智慧,提出"三易"精细化型班组的概念,即不易、变易、简易。

"三易"源于我国古典哲学著作《易经》。所谓"不易",是说世上万事万物最高的"道"是恒定的、不变的;"变易",是说变化是世界的本质,一切事物都处在不断变化的过程中;"简易",是说世界万物于纷繁之中趋向简单,多样之中具有同一性。

1. "不易"——恪守原则,不容违背

"不易"的是"道",是基本规律、基本原则。对于企业来说,有一些东西是必须遵守的,保持不变的,例如企业的使命、价值观、规章制度、管理哲学等。

精细化型班组建设要在服务于企业使命、战略及目标的大前提下开展,将企业的战略目标分解为可执行的操作步骤,而不是把细节管理看作一种孤立的行为;精细化型班组建设要遵循以人为本、发动全员的原则;精细化型班组建设要求在班组建设过程中形成细化的、科学化的、可操作的工作流程、工艺标准、操作规范等,供班组成员严格执行。

2. "变易"——不断反思、持续改善

精细化管理不是一场活动,而是不断反思、持续改善的管理常态。改善建立在发现问题之上,建立在反思的基础之上。善于发现

问题、反思问题，不断改进，才可达到完美境界。

企业不能停止迈向精细化管理的脚步，不能陶醉于目前的精细化程度，要意识到精细管理不断有提升的空间，持续追求，永无止境。

企业应把精细化管理的着力点放在完善每一个细节上，将每件小事做到极致，在每一个环节实现专业化。有了专业化，再把事情做到极致，竞争优势自然就有了。

3."简易"——化繁为简，以简驭繁

大道至简，管理的最高境界是简单。只有简单，才更容易被理解、被执行；只有简单，才更容易让不同性格的人合作。精细化管理就是要将复杂操作和流程细分化、简单化，分解成一个个简单、易懂、易操作、易执行的动作。简单化，可以减少人为因素对结果的影响，使得即使是不同的人操作、执行，结果也都是一致的。例如在麦当劳的员工手册中可以查到麦当劳所有的工作标准，人人按照标准来操作，每个人都可以达到要求。

第二节 班组精细化管理要做到"三全"

班组精细化管理必须全员认同、全员参与、全员推进、全员实践。

班组精细化管理要做到"三全"，即全员管理、全方位管理和全过程控制。

一、全员管理：全员参与、全员思考、全员尽责

要实现班组精细化管理，仅仅依靠管理者一个人的努力是不够的，只有充分调动广大基层员工的积极性，发挥基层员工的潜能，提高基层人员的素质，才有可能实现这一宏伟目标。首先，精细化的推进需要每个员工的参与。企业的实际状况、操作要求是什么，当前管理中还存在哪些漏洞，有哪些可以改善之处，一线员工往往是最了解的。所以，拟订精细化的管理标准、操作标准，必须让所有员工都参与进来。其次，精细化的标准、流程需要每个人来执行，只有他们认同标准、理解标准，执行才会顺畅。

班组精细化管理必须全员认同、全员参与、全员推进、全员实践。要想充分展开班组精细化管理，就要采用全员有责、全员参与、全员思考、全员管理、全员创新、全员创标、全员实践、全员学习的"八全管理"模式。

- 全员有责：人人有责、人人履责、事事尽责是组织发展的原动力。
- 全员参与：人人群策群力，事事尽善尽美；科学决策，民主参与，有效执行。
- 全员思考：集思广益，是行为机制的转化关键点。
- 全员管理：在具体实践中提高能力，使被管理者转化为管理者。
- 全员创新：是对员工最大的尊重和根本的关怀，是金牌型员

工品格修炼的重点。

- 全员创标：是"树立标杆，全员绝活，对标优秀，团队成长"的有效机制。
- 全员实践：是知行合一，既知又行的最佳保障。
- 全员学习：是"读书百遍，其义自见，学习所有，其理必有"的实践机制。

二、全方位管理：横到边、竖到底、无死角

班组精细化管理要涵盖班组工作的方方面面，包括目标管理、计划管理、责任管理、现场管理、生产管理、安全管理、设备管理、士气管理、目视管理、人员管理、绩效管理等，做到管理横到边、竖到底、无死角、无漏洞。

班组精细化管理要求对每一项要素的管理都做到精细化，从 why(为什么)、what(是什么)、where(在什么地方)、who(谁来做)、when(什么时间做)、how(通过什么方法、途径实现)、how much(产生多大的价值)、how much cost(支付多少成本)、safety(安全性) 9个维度进行全面、细化的思考，如图6-1所示。

第六章 精细化型班组建设

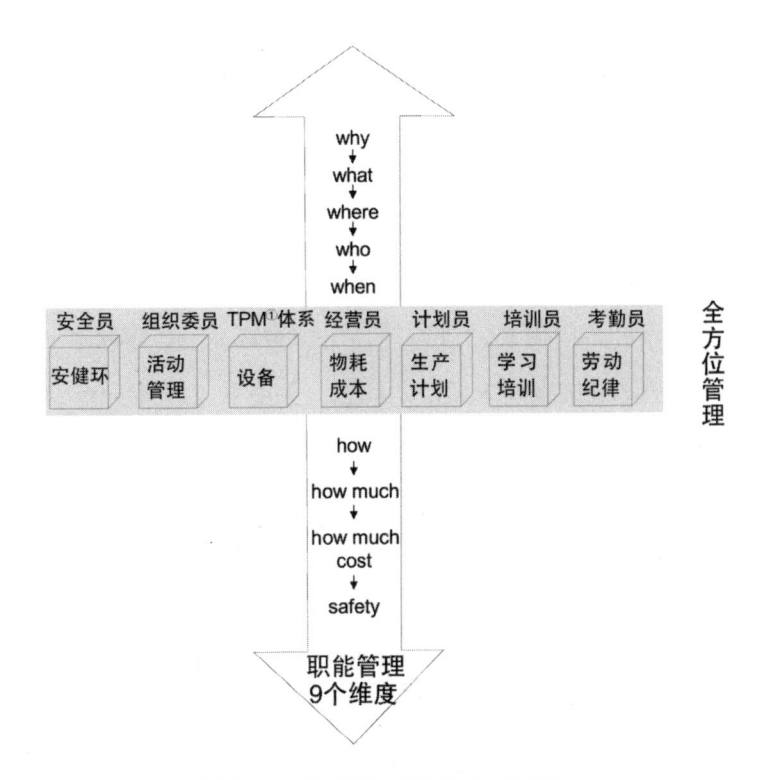

图 6-1 班组精细化管理模式图解

三、全过程控制：PDCA 持续改善

班组精细化管理表现在班组工作的各个方面，重在对每一个流程、环节的控制，做到——计划、环环精细、步步落实、事事到位、处处完善。

班组精细化管理还要坚持闭环原则，通过 PDCA（又称"戴明

---

① TPM：即 Total Productive Maintenance，全员生产维护，又译为全员生产保全。

环"，是指将质量管理分为四个阶段，即 Plan（计划）、Do（执行）、Check（检查）和 Act（处理））循环推进，持续改进。由威廉·爱德华兹·戴明改进推广的 PDCA，通过对总结检查的结果进行过程处理的闭循环，肯定成功的经验，并予以推广和标准化，同时对失败案例进行分析，再将未解决的问题放到下一个 PDCA 循环里继续解决。这种循环是周而复始进行的，一个循环完了，解决了一些问题，下一个循环继续解决未解决的问题，如图 6-2 所示。

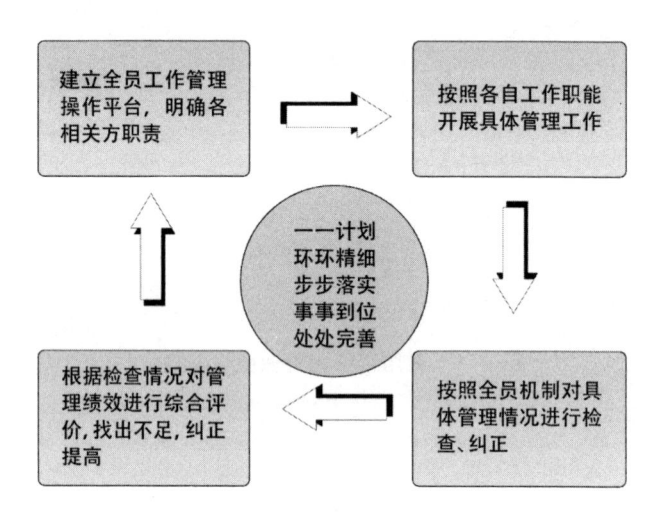

图 6-2　班组精细化管理全过程控制图解

第三节　精细化管理平台建设的具体要求

> 精细化管理平台建设要做到目标明、权责清、制度硬、标准细、命令畅。

精细化管理平台建设的要求是：目标明——人人自知，权责清——责任到人，制度硬——凡事有规则，标准细——事事可操作，命令畅——执行不打折。

一、目标明——人人自知

只有目标明，才会人心齐。目标是一切行动的指挥棒，是行动的动力。目标不明确，行动就会盲目，资源就无法集中，效率就会低下。

案例

"争创红旗班组"活动是公司抓三基建设的具体举措，势在必行。公司开展这项活动已有一个多月，班组长宋宏和副班组长李义为此做了大量的工作，但班组成员好像都还处于事不关己、无所适从的状态，真的让人很上火。

面对这种状况，宋班组长请工会小组长安排一次民主生活会进行专题讨论，通过讨论才知道，原来大家根本就不清楚争创红旗班组活动与每个人的责、权、利有何密切的关系，只是班组长自己一厢情愿地认为已经通过调度会的方式把精神和要求传达给了大家，大家就知道该怎么做了。

病因找到了，便对症下药。宋班组长首先讲清取得红旗班组是搞好企业必须要做的事，而后讲明评上红旗班组后每个人的受益情况，并讲明这是公司抓班组建设的大趋势。大家你一言我一语地统一了思想，并把竞选红旗班组提升到维护班组荣誉的高度来认识。

制定了班组管理的长期目标之后，班组又针对评比细则逐条研讨，对班组五大员的责任重新进行分配，制定了班组内部考核细则，落实了奖惩措施。在明确了目标，清楚了责、权、利之后，大家心往一处想，劲儿往一处使，针对弱项下猛药，最终该班组取得了车间评比第一名的好成绩，当选为首批红旗班组。

二、权责清——责任到人

在班组里，我们经常可以看到这样的现象，班组长布置了一项工作任务，结果却执行不下去，原来张三在等着李四做，李四在等着王五做，大家相互推诿，相互扯皮，谁也不愿意去做。等到班组长追究责任的时候，谁都又没有责任，因为班组长事先也没有明确这是谁的工作、谁的责任。

责任不到人，员工之间的推诿、扯皮就不可避免；责任不到人，人人都会"事不关己，高高挂起"，任务执行起来就会"虎头蛇尾"，有开始，没结果；责任不到人，就会无人负责，问题就会被漠视、被隐藏；责任不到人，积极主动的人会"累死"，消极怠工的人会"闲死"，积极主动者的不公平感、抱怨就此产生，积极性被打压，团队之间的摩擦也就此产生。

所以，管理责任，必须落实到人，不能笼统地讲集体负责，集体负责往往会变成无人负责。

案例

某炼化厂某班组有一名同事平时工作比较懒散，且经常迟到，班组的其他成员对他意见较大，班组的工作不好开展。鉴于这种情况，班组长首先找这名同事诚恳地谈心，弄清了其懒散迟到的原因。其次，在一次班组民主会上，班组长主动征求大家的意见，就如何调动班组成员的积极性，使班组在现有的基础上更上一层楼展开讨论。

大家经过共同商议，决定把工作和责任落实到每个人的身上，且和奖金挂钩。如早晨的采样，由外副操负责，如果这个人经常迟到或怠工，由班组长或外主代干，则相应扣除当事人的相关工资，加给代他工作的那个人。一个月若有两次以上迟到或早退，加倍扣除奖金。若工作做得好，则给予适当的奖励。所有的奖金，班组不扣也不留，不搞大锅饭，充分调动每个班组成员的积极性。

此办法一出，班组成员一致赞同，班组工作的开展明显顺畅了许多，大家工作的积极性得到了提高。以前责任没有落实到人，干好干坏一个样，干与不干一个样，所以大家工作缺乏积极性，个别比较懒散的更是消极怠工，使班组工作开展有阻滞。现在情况完全不同了，有什么工作，大家抢着干。在这种良好的氛围下，以前比较懒散的员工的工作态度也都有了明显改善。

分工明确、责任到人、赏罚分明，是推动各项工作、任务顺利落实的必要条件。班组要健全和完善责任制，使得每项工作、每项任务、每台设备、每台机器都落实到人，使得事事有人负责，管理上没有盲区。

责任不仅要到人，而且为了避免当事人疏忽或忘记，还要责任透明，监督到位。如管理优秀的企业海尔，甚至连每一块玻璃的擦拭、维护、检查，都责任到人，清洁人、监督人一目了然。

三、制度硬——凡事有规则

精细化管理要求凡事必须有章可循，有据可依，即要求每一项工作、每一个环节和每一个细节都必须有制度可依。

案例

凌晨 2：50，大部分火车槽车内的原油已卸下三分之二，这一组的原油卸车任务再有一个小时就结束了。这时泵工通知班组长小李，1 号零位罐液位已超过规定液位，应该赶快关几台车，控制一下卸车流量。小李心里想，这还不容易，随便找个人关上几台车不就行了吗？

可是这个时候问题出现了，让谁关车的阀门，谁都不愿意，都说出了自己不关车阀的理由。小李任班组长的时间不长，在此之前还没有做出过明确细致的规定，只是简单地口头说了一下，尚未形成书面制度。他认为大家在一起工作的时间都不短了，不会在这样一件小事上斤斤计较。

但不关几辆车的阀门又不行，一旦机泵突然出现问题，造成停泵情况，就会造成原油冒罐的大事故。当时小李很生气，不管谁对谁错，强行责令所有人员把车的下卸口阀都关上。这引起了班组成员的不满，他们就此事对小李提出了一些看法。

事后经过冷静的反省，小李及时召开了班组民主生活会，会上诚恳地请大家针对此事说出自己的想法。大家通过讨论，达成共识，最终形成书面文字，成为班组今后的一项制度，以免再出现类似问题。

这个案例告诉我们，处于执行一线的班组长，要把班组工作做好，首先，要把班组方方面面可能遇到的问题事先想周全，并立下明确的规矩；其次，牢记不论大事小事，只要关系到安全生产的问题，就不是小事，一切服从安全是根本原则；第三，人与人之间的感情不能替代规章制度；第四，不能由人的主观愿望去左右本应该由制度来决定的事。

四、标准细——事事可操作

对于大多数班组来说,现在的问题不是缺少工艺标准、操作规程、服务规范等,而是没有做到精细化,没有可操作、可执行的清晰标准。标准粗放,不利于员工的执行,不利于企业统一的形象塑造,也无法保障产品品质、服务品质始终如一。

案例

在20世纪90年代,上海新亚集团的荣华鸡曾红遍大江南北,上海新亚集团声称:"肯德基开到哪儿,我就开到哪儿。"然而,2000年荣华鸡却从北京撤出。

为什么?荣华鸡和肯德基的差距在哪里?我们认为关键在于对细节的把控上。

我们先来看看肯德基。肯德基曾在全球推广"CHAMPS"(冠军计划),其内容为:

1. C(Cleanliness)——保持美观整洁的餐厅;

2. H(Hospitality)——提供真诚友善的接待;

3. A(Accuracy)——确保准确无误的供应;

4. M(Maintenance)——保持优良的设备;

5. P(Product quality)——坚持高质稳定的产品;

6. S(Speed)——提供快速迅捷的服务。

"冠军计划"对肯德基从产品制作、服务提供到店内环境布置、设备管理等所有环节都有细化的标准,用标准化、规范化的要求统一管理所有门店。例如，对于每种食材搭配的精确分量、烹煮时间的分秒限定、清洁卫生的具体打扫流程与量化的质量评价、不同情境下的服务用语等，都有非常详尽和操作性极强的规定。而且，为了保证员工服务到位，肯德基对餐厅服务员、餐厅经理直到公司的管理人员，都按其工作性质进行严格培训。这保证了肯德基在世界各地每一处餐厅的产品和服务质量都是一流的。

再来看看荣华鸡。食品加工操作流程是由师傅手把手地教徒弟，没有实行标准化。尽管在形象设计上，荣华鸡坚持"五个统一"，即"门面标志统一，烹调配方加工统一，工作服饰与服务统一，管理统一，宣传口径统一"；在产品描述上宣称"色泽金黄、皮脆脱骨、肉嫩鲜滑、香味浓郁"，并以"荣华鸡，香喷喷"作为促销用语；在食品的搭配上"灵活多样"；在销售上"价格低廉"，这些似乎看起来都很诱人，但由于缺乏统一的量化标准，各店执行起来差异就很大，不能做到始终如一，最终导致荣华鸡败北。

从两者的对比中，我们可以发现，肯德基的标准是精确化、数字化、定量化的。只要每家店、每个人都按照标准操作，就能确保所有店的食品品质的统一性；而荣华鸡的管理是非标准化的、模糊的，执行这样的标准，100个人执行会产生100个不同的结果。两者的命运最终不同，也就可以理解了。

五、命令畅——执行不打折

责任明确了，制度清晰了，标准细化了，但是如果没有有效地执行下去，或者执行分彼此，则一切都是空谈。

案例

A公司定期召开销售人员会议，要求开会期间必须确保会场秩序良好，除非紧急事情，否则不能接听电话，手机必须设置为振动模式。如违反规定，手机铃声每响一次，罚款当事人50元。规定颁布后，有极个别销售人员的手机铃声依然在开会期间响起，结果挨了罚，此后大家都引以为戒，遵守规定。但是有的领导违反这一规定，却没有受到相应的处罚。尽管大家理解领导工作忙，但是心里还是有些不服气。时间久了，大家都以重要电话必须要接为借口，于是，整个会场又变回了铃声不断、大家忙着跑进跑出的混乱局面。

之所以出现这种有制度不遵守、有标准不执行，或者遵守、执行打折、跑偏的情况，我们认为主要有以下几点原因：

- 领导不遵守，员工照着学。有些班组制定的规章制度只对员工适用，班组长以上的领导却可以不遵守，这样的制度会有多少信服力？员工会心服口服地遵守吗？企业的规章制度、标准规范应对所有人一视同仁，不能搞特殊，管理者更要带头遵守，而不是带头违反。
- 制度只是班组长单方面的意愿，而不是全体班组成员的共同意愿。员工作为被动的接受方，心理上本能地就予以对抗。解决这一问题的有效方法是制度公约化、管理民主化，在制度制定的过程中，让班组成员参与进来，变被管理者为管理者。

● 监督不到位。有责任人而没有监督人，责任人在执行的过程中就容易懈怠。所以，凡事既要有责任人，也要有监督人，由监督人对过程进行监控。另外，要将责任、问题透明化，使得人人都是监督者。

第四节　精细化型班组建设实例

> 现场培训的结束意味着实战演练的开始，培训的价值关键在培训效果的转化上。

某刀具股份有限公司是行业的龙头企业，该公司近年来快速发展，精细化管理已经成为该公司的迫切要求。该公司聘请我们对班组长进行"精细化型班组建设"的培训。通过2天实地调研、4天精细化型班组建设培训、1天现场指导、27天效果转化推进，该企业的精细化管理模式初步成形。同时，在现场产出了班组长管理案例72个，纠错改善案例73个，发现防错点90个，有价值的学员感悟和课程精彩感受800条，制订行动能力转化计划140项，预计为企业节约成本1000万元。

我们始终认为，现场培训的结束意味着实战演练的开始，培训的价值关键在培训效果的转化上。因此，我们在培训后期为企业提交了培训效果转化方案，并辅导班组长进行效果转化。在效果转化阶段，该企业的班组长将课堂所学运用于实践之中，带领全体班组成员进行了精细化型班组的创建。最终，刀具一厂 ANCA 班组、刀具一厂精磨班、刀片二厂压制工序班组、刀片一厂烧结班等几个班组被评选为标杆班组。以下简单介绍这几个班组是如何创建精细化型班组的。

一、全员参与，形成积极氛围

精细化不是某一件事情的精细化，也不是某一个人的精细化，而应该是整个班组、整个团队的精细化。刀片一厂烧结班为了让精细化工作在班组内顺利开展，在准备阶段就"精细化"。首先，多次召开一级会议，让每一个员工都知道什么叫作精细化、为什么要开展精细化，让所有的员工都能够重视精细化，从而在班组内营造精细化建设的良好氛围。其次，制定班组公约，变员工的被动管理为主动管理。最后，班组长在班会上动员所有烧结班成员提出自己对精细化管理的看法和在日常的操作、工艺等方面需要改进的地方，并带领大家对这些问题进行归类整理，从影响最大的、急需解决的问题开始解决。

二、案例化教育，创建精细文化

精细化型班组建设首先要从改变班组成员的态度和素质入手，

培育班组的精细化文化和技能。在这里，班组长们主要运用了我们一直倡导的案例化育法。例如，刀具一厂 ANCA 班组就班组质量提升和精细化操作等方面进行了三次案例讨论和分析，班组里的每一个成员针对每个问题畅所欲言，提出自己的看法，得到了不少精彩的观点和看法。

通过对这些案例的分析，该班组取得了以下成果：

第一，引导员工自己去思考工作中存在的问题，寻找问题的解决方法。

第二，提倡每个人都要有良好的修养和自觉性，保持积极向上的精神面貌，形成良好的工作习惯，创造和谐的工作环境。

第三，完善了交接班制度，重新设计了更加适合班组实际的交接班记录本。

第四，员工在思想上树立了不合格产品一定可以消除的信心，并且提出了一些消除不合格产品的具体方法。

第五，完善了班组成员的技能培训工作。

三、实施 5S 管理，打造精细化现场

现场 5S[①] 是现场精细化的基础，该企业积极推行现场 5S 管理。首先，班组成员共同制订 5S 管理计划书，明确了现场 5S 的指导原则和步骤。其次，责任到人，制定了 5S 责任表。最后，为推进 5S 活动顺利开展，使用了"5S 活动问题票"这一方法。

---

① 5S：即整理（Seiri）、整顿（Seition）、清扫（Seiso）、清洁（Seiketsu）和素养（Shitsuke），此处英文为日语音译。

"5S 活动问题票"的具体做法如下：将每个问题都写成一张问题票，每张问题票都有编号；对发出去的问题票进行台账管理，收到问题票的责任人必须在完成改善之后，将问题票交回，使其有据可查，并作为每周 5S 明星评选的重要依据。

四、查缺补漏，全员改善

精细化的过程应当是一个不断改进的过程，因为精细化要做到精、做到细，就必须不断改进，不断查缺补漏。班组长们以例会、案例为平台，动员全体班组成员对班组工作的各个环节提出问题和改进的建议，以求达到显著效果。这样的改善涵盖了工作环境、工艺流程、现场物料摆放、规章制度等方方面面。例如，刀片二厂压制工序班组通过对班组工作环境的细节进行改善和调整，有效节约了能源，提高了安全性。

五、完善班组制度，确定精细化工作标准

经过查缺补漏的流程，各班组对现有制度、工艺等方面存在的问题进行了改善，对一些原来是空白的制度、标准重新进行了设计、制定。例如，ANCA 班组重新设计了交接班记录本，重新拟定了班组 5S 管理细则。刀片一厂烧结班重新制定了"烧结装炉明细表""烧结炉状态一览表""工时日报表""精细化日报表""工具日点检表""5S 自我检查表""烧结数据库""精细化案例集"等。

第七章

第五级班组模式建设

第一节　什么是第五级班组

> 第五级班组最显著的标志是最大限度地激活员工的潜能，它是一种尊重人、经营人、激活人的管理模式。

人是管理中最核心的要素，管理即管人、管事，而管事归根到底还是管人！人不能被激活，组织绩效就不会最大化！

一、第五级班组的基本形式

近年来班组建设已成为企业关注的热点，在班组建设的探索中，先后出现了"创新型班组""学习型班组""五型班组"等班组建设概念和管理模式。我们基于对中国企业班组管理现状的剖析，以及当前对班组建设咨询、培训产品需求的分析，提出了"第五级班组"的概念和模式，将班组建设的理论与实践提升到了一个新的高度。

那么，什么是"第五级班组"呢？如图7-1所示。

第一级班组：以班组长个人为中心，以发布命令、绩效考核、批评罚款为主要管理手段。由班组长一个人管理整个班组，班组员工被动地接受管理。班组处于一人管理、全员博弈的状态。

在第一级班组里，凡事都由班组长负责，班组长忙碌不堪，成为"救火队员"，而班组管理依然存在很多漏洞。强势的班组长尚且可以指挥班组成员完成必要的工作，弱势的班组长只能一个人拼命，而班组的其他成员出工不出力，甚至等着看别人的笑话。班组没有任何向心力与凝聚力可言，员工的工作也没有激励制度，工作无成就感、无快乐感、无价值实现感，员工流失率很高。

第二级班组：班组形成了五大员机制，班组建设呈现有限民主，核心工作不再由班组长一个人承担，而是分解到几名核心骨干身上。但是，它的弊端是把人分成两类：一类是管理者或管理的参与者，另一类是被管理者。也就是说绝大多数班组成员依然是被动、消极地完成工作，班组内呈现两极分化的趋势。在任务紧张、班组成员都必须独立工作的环境中，这样的模式具有极大的风险，班组长只能将关键业务交给五大员去完成，而不放心交给其他人员，这样，班组中的其他成员就成了可有可无的辅助人员。

第三级班组：是班组建设的一次革命，提出了"安全型""节约型"等以班组建设成果为导向的管理模式，清晰地表达了只有班组建设本身过关，才能高效完成工作任务这一理念。

但是在第三级班组中，班组建设以考核、制度、惩戒为主要手段，缺乏激活人本精神的机制。这种班组管理模式，依然忽视了管理中能动性最强的人的力量，人员的积极性依然没有被完全调动起来，组织内部依然沿用传统的激励手段，人的潜能之门尚无法打开。

从这个层面上而言，任何脱离了人本管理核心产出的组织绩效，都不会是持久的绩效，无法形成企业的核心竞争力。第三级班组建设的结果是：愿景很美好，但缺乏实现路径；理论很正确，但现实中屡遇对抗。各个班组是以考核达标、完成任务的心态来参加评比，评比工作和实际工作依然是"两张皮"。

那么，有效地"激活人"，使组织绩效最大化，正是班组建设的关键。

基于以上认识,我们提出了第四级班组建设的管理模式,即在基层建立学习型、文化型、自主管理型、创新型、人本绩效型、精细化型的"六型"班组模式。

"六型"班组模式真正实现了以人为本,强调在强化班组职能的工作中发挥全体力量,激发全员参与,导入轮值管理、案例管理、透明化管理、自主管理等机制,使人人参与管理,个个激活潜能,变班组为员工的精神家园、乐业福田、展示舞台、成长摇篮。

第四级班组建设有效弥补了前三级班组管理在人本管理方面的缺失,大大增强了班组的凝聚力和战斗力,人在组织中能够获得尊重感和存在感,成为班组管理中不可或缺的一部分。但是该模式在操作上还存在一定问题,即将班组管理人为地划分为几种类型,而在实际工作中,很难清晰地就能区分班组的类型。卓越的班组,往往是这"六型"兼而有之,属于复合型。因此,这种模式在实际应用上有一定的困难。

在历经了多次的理论研究和实践探索之后,第五级班组概念应运而生。首先,第五级班组整合运用了第四级班组——"六型"班组管理模式的优势,完全消除了以上四级班组在不同层面上存在的各种缺失。其次,第五级班组在前四级班组管理模式的基础上进行了一大创新,将知识管理理论运用到班组实践中,解决了班组隐性知识的显性化,以及知识的传播、复制等难题。

第五级班组最显著的标志是最大限度地激活员工潜能,它是一种尊重人、经营人、激活人的管理模式。第五级班组把管理权真正交给了员工,使得被管理者成为管理者,让班组真正实现了全员管理、全员参与、全员创新、全员创标,将责任细分到每一个环节,

落实到每一个人，让每一个人成为责任的担当者、创新的推动者和管理的实践者。

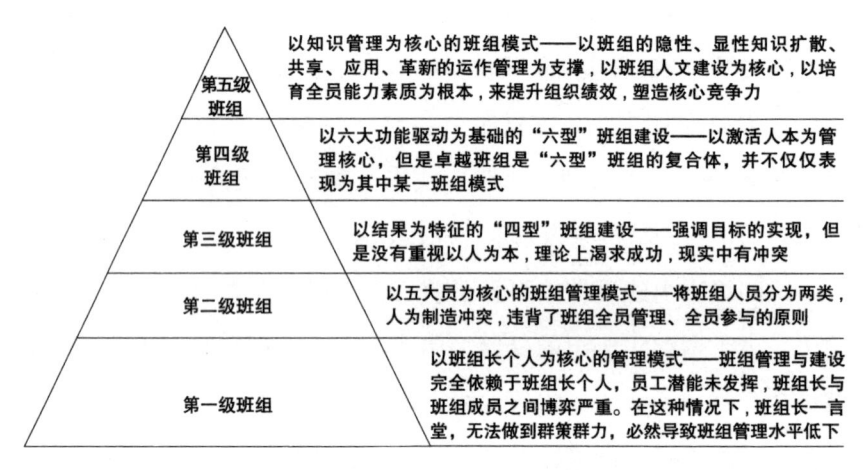

第五级班组	以知识管理为核心的班组模式——以班组的隐性、显性知识扩散、共享、应用、革新的运作管理为支撑，以班组人文建设为核心，以培育全员能力素质为根本，来提升组织绩效，塑造核心竞争力
第四级班组	以六大功能驱动为基础的"六型"班组建设——以激活人本为管理核心，但是卓越班组是"六型"班组的复合体，并不仅仅表现为其中某一班组模式
第三级班组	以结果为特征的"四型"班组建设——强调目标的实现，但是没有重视以人为本，理论上渴求成功，现实中有冲突
第二级班组	以五大员为核心的班组管理模式——将班组人员分为两类，人为制造冲突，违背了班组全员管理、全员参与的原则
第一级班组	以班组长个人为核心的管理模式——班组管理与建设完全依赖于班组长个人，员工潜能未发挥，班组长与班组成员之间博弈严重。在这种情况下，班组长一言堂，无法做到群策群力，必然导致班组管理水平低下

图 7-1　班组建设的五个层次

二、第五级班组的核心特征

第五级班组具有以下核心特征。

1. 班组是员工的精神家园——凝聚力

班组不仅仅是工作的场所，更应该是员工温馨的精神家园。员工在班组里能够得到来自班组长及同事们的认同、尊重。当自己取得进步时，当自己为团队做出贡献时，同事们有善于发现的眼睛，并能及时给予认同和激励。

在这样的班组里，员工能时时感受到来自同事们的关爱，能时时感觉到自我的成就感，能时时体验到工作的快乐，进而对班组忠诚，对企业忠诚，形成高凝聚力的班组团队。

2. 班组是员工的乐业福田——行动力

"知之者不如好知者，好知者不如乐知者。"第五级班组建设使每个人都成为"乐业者"，每个人对工作的热情和投入源于对事业的热爱，对班组的热爱，对实现自身价值的追求，而不是迫于班组绩效考核的压力和制度的强制约束力。

"福田"是佛教用语，《大智度论》云：受恭敬的佛法僧等，称为敬田；受报答的父母及师长，称为恩田；受怜悯的贫者及病者，称为悲田。以上三者，合称"三福田"。第五级班组建设旨在让班组成为每个人的"福田"，我们可以这样理解：班组内形成了人人互敬互爱、互帮互助的良好氛围，只要你为班组做出贡献，为他人提供帮助，你就能感受到来自班组其他成员的敬意和爱意。每个人在团队内都获得了快乐感、归属感和荣誉感，这是班组员工热爱工作的最大动力。

3. 班组是员工的成就舞台——激励力

第五级班组实现全员管理模式，变被管理者为管理者，这给了员工更加广阔的舞台，使得每个人都有参与管理的机会，每个人都拥有一个发挥自身才能的平台，每个人都能从工作中获得成就感，从而对员工产生巨大的激励。

4. 班组是员工的成长摇篮——发展力

班组的进步源于班组员工能力和素质的提升。第五级班组非常重视员工实践能力的培养，通过"工作学习化，学习工作化"的机制、全员管理机制、内部分享机制等，锻炼、提升员工的实际工作技能，为每个员工向高级别发展奠定了更加坚实的基础。

5. 员工自动、自觉、自发——驱动力

第五级班组通过文化管理、自主管理等管理模式，由内而外地驱动、激活人的精神，而不是依靠制度去管压、去约束，是从根本上调动员工的积极性，因而能让员工自动、自觉和自发地行动。

6. 员工全力以赴，尽心尽力——责任力

第五级班组实行全员管理模式，每个人都是管理的主体。同时，人本管理机制充分挖掘了人的潜力，所以班组成员的责任感倍增，在工作中便会全力以赴，尽心尽力。

7. 团队荣誉高于自身利益——协作力

团队协作文化的培育贯穿于第五级班组的日常管理之中，拥有极强的团队协作精神是第五级班组的显著特征之一。人心不齐，"各人自扫门前雪，不管他人瓦上霜"的团队犹如一盘散沙，战斗力肯定强不了。卓越的班组肯定是一个具有高凝聚力、高协作力的团队。

8. 人人有绝活，实现自我超越——人格力

人的成功在于其长处的充分发挥，特长和绝活也是我们每个人的立身之本。第五级班组注重对每个人特长的挖掘和培养，通过发现、认同、表彰、分享等一系列人本激励方法，使得每个人的长处

被充分地开发出来。

9. 人人是教练，与组织共进步——推动力

"人人是教练"是以智者为师、以同事为师、以实践为师的具体运用，是将隐性知识显性化、个人知识扩散化的高能力的建设模式。班组每个员工都有自己擅长之处，班组长要在班组内搭建分享的平台，人人都是教练，将自己的特长、绝活分享给班组其他成员，促进整个班组的进步。

10. 事事有人管，人人都管事——精细化

事事有人管：班组分工明确，职责清晰，每件事情都责任到人。

人人都管事：每个人都自动自发地参与班组管理，问题由大家来发现、来解决，改善由大家来提出、来实施。人人负责，人人参与，人人创造。

11. 事事都对标，件件有创新——标准化

在第五级班组里，大家遵循共同的标准，人人都可以成为标杆，走"精英大众化"的管理之道。

12. 天天讲活力，时时运士气——精神力

"三分武器，七分士气。"士气就是生产力。第五级班组尤其注重员工精神、士气的提升，并将其融入班组管理的每个环节中。

13. 文化塑班组，员工创文化——文化力

人人都是良性文化的建设者，大家相互影响、相互塑造，最终形成一个具有强劲文化力的班组。

14. 阳光下运作，人人都参与——透明化

公平、公正、公开是人的基本追求，通过透明化管理平台的构建，每个人的目标、行为和绩效透明，班组的问题和标杆透明，从而起到管理约束和激励的作用。

15. 时时都比赛，人人是赛手——机制力

第五级班组十分善于运用竞赛机制，例如，班组业绩不再是非公开的，而是透明化的，这样班组里就形成了你追我赶的良性竞争局面；再如，每周或每月进行一次技能比拼，同样会促进员工的技能改善。

第二节 如何建设第五级班组

第五级班组将知识管理有效导入基层班组建设，将存在于组织内部的隐性知识显性化，并依靠知识的传播、扩散，带动全班组成员能力的提升，实现班组绩效的最大化。

如何建设第五级班组？我们可以简单地用"三基""三全"和"三整合"来表述。那么，什么是"三基"？什么是"三全"？什么是"三整合"呢？

一、三基——基层组织、基础管理、基层人员

"三基"指明了第五级班组建设的主要内容：基层组织建设健康、基础管理体系完善、基层人员胜任力提升。那么，具体如何建设呢？

1. 基层组织人本化

班组管理的重点首先应该是"人"。要摒弃传统班组把人依附于任务之下的管理理念，使得班组管理不仅仅是对任务、工作及目标的管理，更是对人的精神、士气、成长及成就感的管理。

如何最大限度地激活人的潜能、振奋人的士气？根本的方法是将被管理者转化为管理者，即实现基层组织的全员管理，让每个人的潜能得以发挥，价值得以实现，能力获得认可，个人赢得成长。如此，班组将成为员工的乐业福田，成为员工成功的舞台和成长的摇篮。

2. 基础管理体系精细化

健全而科学的管理制度，以及规范化、标准化的操作流程、作业指导是一个企业走向成熟的标志。多数企业也已意识到了规范化、标准化、制度化管理的重要性，但是在基础管理体系的建设上还不同程度地存在以下问题：

- 作业指导书、操作流程、规范等大多大而化之，不够精细化，实际指导作用有限。

- 面向基层人员的激励机制严重匮乏，尤其是在一些规模较大的企业里，还存在干好干坏一个样，做得好无奖励，做得不好也没有惩罚的状况，基层一线人员的积极性被严重挫伤。

- 制度、规范、流程的制定往往是由上而下推动的，在制定过程中，管理者的出发点是如何"管控""约束"员工，而不是如何激发员工的士气和积极性，这种违背人本管理理念的制度化管理在执行的过程中必然引发员工的不满和对抗。

所以，企业要建立、健全科学的管理制度，基础管理体系精细化是关键。

3. 基层人员胜任力提升

基层人员主要包括基层班组长及基层员工，我们结合多年班组培训和咨询实践认为，基层人员胜任力的提升主要在于提升班组长的管理技能及基层人员的职业化素养。

首先，班组长应全面提升管理技能。班组长时时盯住现场，时时盯住顾客，时时盯住问题，是第一个问题发现者，第一个问题解决者，第一个信息反馈者；班组长是与顾客、与产品、与质量、与成本的第一接触人。所以，班组长也被称为"企业管理中的第一人"。班组长职业素养的高低、管理水平的高低，直接影响着班组绩效的高低。要使班组长尽快提高管理水平，变成合格的基层管理者，就要使班组长充分认识到自己职责的变化，不再局限于个人的优秀，而要思考如何带领整个团队去创造优秀的业绩。

就企业而言，要把培训的重点放在基层班组长的胜任力上，大力强化班组长角色认知、职业化素养、通用管理能力等培训。

其次，基层员工应着重于职业化素养的提升。提高职业化素养，培养一支高执行力、高效率的员工队伍已经成为加强企业管理的当务之急。

二、三全——全员、全方位、全过程

"三全"指明了第五级班组的实现路径，即全员参与、全方位管理和全过程控制。

1. 全员参与

无论是创新型班组建设、人本绩效型班组建设、自主管理型班组建设，还是精细化型班组建设，全员参与都是基础。

如果基层员工不能参与，班组建设就是空洞的，只是一张皮、一个口号而已。所以，我们的第五级班组建设的典型要求之一是"八全"管理。具体内容参见"精细化型班组建设"一章。

2. 全方位管理

横到边、竖到底、无死角；事事有人管，管理无死角。具体内容参见"精细化型班组建设"一章。

3. 全过程控制

没有过程就没有结果，完美的结果有赖于精细的过程控制。全过程控制就是要求：凡事"一一计划、环环精细、步步落实、事事到位、处处完善"。具体内容参见"精细化型班组建设"一章。

三、三整合——文化管理、精细管理、知识管理

"三整合"是指在第五级班组建设中整合运用了文化管理、精细管理和知识管理这三种管理理念和方法，使班组建设上升到一个新的水平。

1. 文化管理

班组文化建设是第五级班组建设的基础性要求。在第五级班组建设过程中，每个班组都会建立起适合自身发展和特色的"文化道场"，在人与环境的互动中，将优秀的文化塑造出来，将人奋发向上的精神激发出来。

"文化道场"既是一种文化表现形式，又是一种管理模式，是第五级班组建设中的一个核心工具。在这个工具的应用过程中，班组长"学不知，观不见"，但是潜移默化，十分见效。

2. 精细管理

精细化管理既是第五级班组运用的核心管理技术，也是第五级班组要实现的目标。当今企业面临着越来越激烈的国际国内竞争、越来越挑剔的消费者和越来越低的行业利润水平，精细化管理已成为企业实现跨越式发展的必然要求，而精细化管理的实现主要靠班组。

3. 知识管理

企业的核心能力能够传承和发展，关键在于人才队伍快速成长机制的建立，而人才队伍的快速成长，关键在于企业知识管理体系的搭建。

知识包括隐性知识（tacit knowledge）和显性知识（explicit knowledge）两种。隐性知识存在于人的大脑中，是人在长期实践中积累起来的与个人经验密切相关的知识，往往是一些独门秘籍，不易用语言表达出来，也不易被他人学习。显性知识可以通过教科书、参考资料、报纸杂志、专利文献、视听媒体、软件、数据库及口口相传等方式获取和传播，比较容易被人们学习和复制。

隐性知识是人人日做而不知、日做而不思的。企业知识体系管理的核心目的就是将无意识的隐性知识显性化，并通过显性知识的传承和碰撞，产生倍增效益。而企业知识管理的基石就是班组知识管理，班组里的隐性知识挖掘和分享不够，就会造成大量的智力资源浪费。

第五级班组将知识管理有效导入基层班组建设，将存在于组织内部的隐形知识显性化，并依靠知识的传播、扩散，带动班组全员能力的提升，实现班组绩效的最大化。

第三节　第五级班组的操作方法

> 人人都尽责，才能事事有人管；事事都透明，才能人人都监督；具有荣誉感，员工才能有昂扬的斗志。

一、全员管理——人人都尽责，事事有人管

全员管理有利于激发员工的潜能，有利于发挥员工的才智，有利于变被动的管理者为主动的管理者。第五级班组就是建立在这样的机制基础之上的。

第一，文化管理机制。文化管理本身就是一种利用环境来形成约束力、激励力、规范力的管理工具，而环境则是由人创造的。

第二，轮值机制。在第五级班组里，用管理岗位轮值的方式推进全员管理，使每个人都参与到管理中。

第三，案例机制。班组成员轮值编写案例，然后在班组内共同学习和讨论，提出解决问题的方案。案例取材于班组里的标杆人物、典型事件或者班组中的任何一个问题。全员对案例的讨论，形成统一的认识，实现对班组的全员管理。

第四，制度公约化机制。公约并非强制性的命令，并非由班组长一人说了算，而是由班组成员共同讨论、共同制定。同时，大家共同签字，表示自己会遵守公约。

二、目视管理——事事都透明，人人都监督

目视管理模式即透明化管理模式，是"三公"——公平、公正、公开的保障，是时时都提醒、事事都对标、人人都监督的体现，是全员管理、环境管理、自主管理的体现。

目视化管理平台主要包括办公现场的看板系统和基于网络的信息化平台，其具体内容包括：

第一，日常管理内容透明化。包括人员考勤情况、人员去向、班组通知等。

第二，目标透明化。将班组的月度目标及个人的月度目标予以透明展示，起到时时提醒、时时督促的作用。

第三，绩效透明化。将班组成员的主要绩效指标予以公开，如销售业绩、产品质量情况等。

第四，荣誉透明化。有特长、有绝活的人其事迹和技能要公开化，"班组之星"的主要成绩和精神面貌要透明化。

第五，制度等行为规范透明化。将班组主要的制度、流程、标准、规章等透明化。

第六，文化透明化。班组文化透明化。

第七，成功要素透明化。通过标杆案例分析的形式，从精神、思维、素质、技能、知识等多个角度将成功要素总结、提炼出来，并公开展示。

三、精神家园建设——塑造荣誉感，有昂扬的斗志

荣誉感是人的强大动力，给人荣誉感，就能给人以向上的力量，促使人进步。班组精神家园建设就是让班组成员在班组内获得荣誉感和实现感。

班组精神家园建设方法包括：即时激励——班组长要善于发现员工的优点和改善点，及时给予激励。激励制度化——选出"每日一星"，即当日优秀员工，并在班晚会上进行嘉许和激励；每月再评选"班组之星"，并给予物质奖励和精神激励。责任激励——人的最大快乐是被需要，赋予有能力者更大的责任，能有效激发他们的工作热情。

四、乐业福田建设——人人都爱岗，事业源于爱

很多企业教育员工要"以企为家""爱岗敬业"，但在具体的操作上却违背以人为本的理念：员工激励不到位，干好干坏一个样；员工在企业得不到尊重和认同，无价值实现感和成就感；员工没有锻炼和学习的机会，个人成长无从谈起。在这样的企业，员工怎么会真正发自内心地"爱岗""爱企"呢？

班组的乐业福田建设就是要让员工在班组内得到尊重和认同，得以发挥自己的才干，实现自身的价值，获得自身的成长，使人人"激情工作，快乐工作"，真正从心底里热爱本职工作。

五、成就舞台建设——塑造成就感，培养成就欲

所谓成就舞台建设，就是要给员工一个发挥和展示能力的良好平台，让其在班组内有成就感。

首先要创建让员工的才能得以发挥的平台。例如，第五级班组中的全员管理模式便是员工才能发挥的最好平台之一。其次，班组长要知人善用，充分挖掘有特长、有能力的员工的潜力，可以适当安排他们与其特长相关的工作。最后，还要给员工一个公开展示才华的机会，如开展成果发布会、成果报告会等活动。

六、成长摇篮建设——学习型班组，事业化人生

让员工在班组内获得个人能力的全面锻炼和成长，方法之一就是将班组建设成学习型班组。建设学习型班组，不是简单地组织一些培训或学习活动，而是开展互动、有反馈、基于实践的学习活动，促使团队共同学习和提高。

我们对于学习型班组的理念是"工作学习化，学习工作化"，倡导工作就是学习，实践就是学习的"习学"模式，将员工成长的培训需求与日常管理有机融合在一起，推进"以问题为师，向实践学习，在成果中反思"的工作模式，快速促进员工能力的提高。

七、分享式学习法——事事是案例，人人是教练

分享式学习方法是一种团队互动、研讨式的学习方法，学习内容来自工作中的人、工作中的事、工作中的问题和工作中的闪光点，是一种基于实践的学习方式。班组内的每个人都是分享式学习的参与主体，每个人都将个人的隐性知识显性化，并扩散到整个班组。

使用分享式学习法，要注意分享的深度，不仅仅是简单地向大家讲述案例过程或知识点，更要注重对案例的分析。对于标杆案例，要分析出成功的思维范式、成功的行为逻辑、成功的精神要素，将隐性的经验转化为可复制、可模仿的显性知识；对于问题案例，要深入分析问题产生的原因，从机制上、人员素质上解决根本问题。分享式学习法不是一人讲，大家听，而是着重于众人听后的分享和互动，在分享互动中，引发大家更深入、更广泛的思考，形成更科学、更高效的解决方案。

八、日常化培育——常朝乾夕惕，习促日精进

乾，即自强不息；惕，即小心谨慎。朝乾夕惕，形容一天到晚勤奋谨慎，没有一点疏忽懈怠。对于班组管理来说，朝乾夕惕意味着：每天班早会要规划好一天的工作目标和计划，并且调动大家的士气；班晚会要对标班早会宣布的目标和计划，对一天的工作进行总结和反思。这样，每天认真总结，每天进步一点点，才会日积月累，不断提高。

第四节　第五级班组建设实例

> 班组文化建设是第五级班组模式的基础，全员自主管理是其特征，激励是其主要内容，班组"习学"机制是其重要载体，班组信息化平台是其沟通媒介。

沙A电厂为深化发展、追求卓越，创建活力、和谐、品牌沙A，在全厂大力推进"班组建设与321管理模式创建"活动。

此项活动依据现代企业"以人为本"的管理原则，从打造企业长期竞争力的发展要求出发，提出"321管理工程"，并以此作为班组建设的主要载体，全面提升基础管理能力，健全企业基础管理体系，同时优化基础管理组织结构，达到全面夯实企业管理基础的目的。

在沙A第五级班组创建的过程中，涌现出了一批优秀的标杆班组，磨辊班组是其中之一。现简要介绍一下该班组建设第五级班组模式的主要成果。

一、班组文化建设

班组文化建设是第五级班组模式的基础。由该班组成员共同参与、研究，拟定了班组文化理念系统，并共同确定了班组文化的表现形式。

二、班组全员自主管理建设

该班组对班组的组织结构进行了调整优化,变班组长一人管理的模式为全员自主管理的模式(见图7-2)。

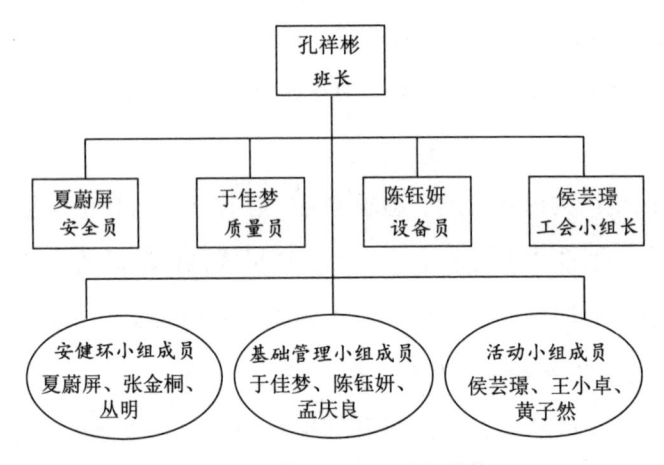

图7-2 第五级班组组织结构

从该班组的组织结构可以看到,该班组设立了班组轮值班委,成立了班委会,设立了安健环管理小组、基础管理小组、民主管理小组。根据班组成员的能力情况还可以再设立若干小组,各小组选出一个组长作为小组牵头人,带领小组成员开展该组职责范围内的各项活动,小组成员为小组活动出谋划策,提出好的建议和好的方法。

三、班组目视化建设

根据该班组实际情况,班组目视化看板分为四个主要板块:班组知识学习区、班组成员风采展示区、班组组织结构区和班组文化展示区。

四、班组荣誉激励机制建设

1. 每日之星

在班晚会上，对当天作业现场在安健环执行方面、工作态度方面、工作创新方面表现突出的员工，由班组长或现场安全员提名两人，或者由班组成员推荐两人，再由全班组成员投票选举出每日之星，票多者当选（由当班值日生负责看板更新，考勤员负责统计班组成员当选为每日之星的次数，作为每周之星的评选依据）。

2. 每周之星

将一周内被选为每日之星次数最多的员工评为每周之星。如果有次数并列第一者，可全部作为每周之星的候选人，或者本周内对班组建设及工作方面做出较大贡献的人员，获得全体班组成员的肯定的人员，也可参选。获得票数最多者为每周之星（由当班值日生负责看板更新，考勤员负责统计班组成员获得的每周之星次数，作为每月之星的评选依据）。

3. 每月之星

同评选每周之星的过程一样，将每月内获得每周之星最多的员工评为每月之星。如果班组成员获得每周之星的票数一致，可全部作为每月之星的候选人，经全班组成员投票选举，票多者当选（由当班值日生负责张贴看板，考勤员负责统计班组成员获得每月之星的次数，积累的数据同时作为年度班组成员评选先进的依据）。班组可根据实际情况，给予每月之星适当的精神激励或物质奖励，以提高班组成员的参选积极性。

五、班组早、晚会制度建设

1. 班早会内容

每日上午 8：30—8：45 开班早会鼓舞士气，内容是提出当天的工作计划，布置当天的工作任务，指出作业过程中的危险源、危险点及注意事项，评估班组成员当天作业前的精神状态，以合理分配工作。

2. 班晚会内容

检查当天计划的完成情况，总结当天的工作，听取班组成员有关工作问题的汇报，表扬当天的好人好事，指出做得不好的地方；对发现的问题及时整改，或者安排人员处理解决；评选出当日班组标杆员工。

六、班组"习学"机制建设

1. 每周轮值学习

排出班组成员的轮值计划表，安排班组成员轮流主持每周的学习活动，班组可先给本周做主持的班组成员提供学习的资料，让其事先预习。轮值成员主持的会议结束后即开展班委会点评，这样既让班组成员获得互相学习的机会，又有利于个人表达能力和主持能力的提高。

2. 每月轮值技术培训

编制全员参与的每月技术培训轮值表，结合每月技术培训的要点，由轮值员工总结本月班组工作中重要的一两点，以及自己在生产、工作中好的经验，拿出来与大家分享。其他班组成员通过交流和讨论，指出不足或提出更好的方法、建议，以促进班组成员水平的提升，以及全员共同进步。

3. 案例法运用

编制全员参与的每月案例轮值计划表，结合每月的班务会轮流分享案例。案例法可运用于班组管理制度的修改完善、班组成员作业矛盾处理及奖金分配等。

具体做法是：由轮值员工将班组实际工作中碰到的各种问题编成小故事，并有针对性地提出问题，然后由全班组成员围绕问题展开讨论，提出看法。班委会听取全班组成员的讨论意见后，再有针对性地提出解决方案，或对班组管理制度中不完善的地方进行及时修改。

七、班组信息化平台建设

班组信息化平台建设主要包括两个方面。一是根据本班组的实际情况建立班组电脑管理平台，方便班组成员查阅班组资料，并由专人管理更新。班组成员要能够方便地利用这一管理平台查到有关资料，如设备工器具台账、学习资料、制度法规等班组文件资料。二是建设信息发布平台，由专人负责。总厂下发的文件、公告，班组新的规章制度、班组的新鲜事等，都可以通过班组信息平台及时予以发布，让班组成员有知情权、参与权和管理权。

致　谢

归功于人

《打造最有战斗力的班组》和《七种模式成就卓越班组》的出版与升级不仅仅凝结着三位作者的实践、经验、智慧与辛劳，更涵盖了一个团队共同创造的劳动价值与成果。对此，我们要感谢所有人的付出、努力、支持与贡献。

首先，我们要感谢八九点的每一位员工，因为八九点班组产品的研发和升级推广，都有他们的一份贡献。他们为八九点这一品牌贡献才智、挥洒热情，他们坚守理想、团结一致、风雨同舟，他们是陈薇、乔华、王瑜、王荻、杨金霞、任继芳、赵阳、彭述清、杨磊、张宏、姚桂枝、秦立华、孙语含、陈一霄、王许、王伟中、郝迎春、李旋羽、史志刚、辛玉、郑红、曹晓辉、邓金泽、孙越、刘敏男……

进入新时代，八九点也开启了快速发展的新阶段，在服务中国几百家大型企业的实践过程中，我们完成了基层管理产品的结构化、系统化和层次化的升级，完成了班组建设的时代化、全面化和数字化的迭代，完成了微组织建设产品的构建，同时基于不同行业班组管理的需要，完成企业党建文化、本质安全建设、企业文化化育、标准化建设产品的建构与持续升级。

我们的服务进一步向纵深化、多元化发展——除了传统的咨询和培训服务之外，我们的班组建设系列书籍和最佳实践案例也将逐年发行；依托最佳实践案例的征集和发布，中国班组建设卓越实践分享高峰论坛也已经连续举办了20余届，每年发布班组建设白皮书和年度各行业班组建设最佳实践成果。经过持续的产品升级与研发，我们基于班组产品培训、催化、辅导、应用的产品日臻成熟。目前八九点已成为融合线上线下服务，集公开课、内训、咨询、催化、书籍、辅导、认证、测评、学习卡等多种形式为一体的综合服务提供商。

我们实现了一系列技术创新的研发与实践——将组织学习技术、精益改善技术和催化赋能技术整合到班组管理的日常实践中，形成"对标课、品标课、一小课"三位一体的组织驱动模式，确保班组管理夯基、文化建模。

我们推出了基于云时代的信息化学习产品——班组云App，将组织学习的模式、方法和工具植入到手机等移动终端，针对一线班组长和员工的胜任力建设，提供最实效的组织学习课程，并对学习效果进行管理，利用线上线下多种技术促进学习力提升与学习效果转化。班组云针对班组长和普通员工的不同需求精准定位，内容丰富，界面友好，功能全面，操作简单，实用性强，管理、学习不受时间空间限制，充分实现了信息化与碎片化学习的融合，完成了定制化学习与基层管理提升的对接，是云计算、数字时代企业基层学习管理与能力建设的必备利器。目前，我们已与多家大型企业展开合作，近万名班组长安装使用。在持续推进班组云 App 建设的同时，我们也基于人工智能、元宇宙、智能辅助等新技术，立足于新质生产力发展的要求，持续推进数字化产品的迭代升级。

其次，我们要感谢八九点的优秀客户以及每一位学员。客户的高标准、严要求，是激励我们持续改进、不断创新的原动力。企业、学员的问题和困惑，是我们求索创新的方向。学员来自实践的经验和智慧，是我们借鉴、学习并致力于传播的宝贵财富。"以客户为师、以学员为师"是八九点秉持不变的理念，感恩我们的客户以及每一位学员（不分先后）：海尔集团、青岛港务局、中国银行、中航、中粮集团、中钢集团、国投集团、首都机场、华北空管、西北空管、国网蒙东电力、中国移动、中国航天、大庆油田、中国石化、广州地铁、京港地铁、南京地铁、青海机场公司、内蒙古机场集团、江西机场集团、贵州民航集团、朔黄铁路、神东电力、国华电力、河北建投、国投京唐港、中泰化学、西安咸阳机场、重庆邮政、深圳燃气、新奥燃气、港华燃气、永煤集团、淮北矿业、华能扎煤、伊犁能源、蒙自矿冶、北仑发电、晋中供电、广东能源集团、国网甘肃电力、华能电力、国华电力、中国水电五局、安徽中烟、湖南中烟、陕西中烟、中海油、重庆鼎发、辽宁和运、中能硅业、南京红太阳、华粮物流、栾川钼业、西南油气田、河北电信、新疆联通、新疆移动、内蒙古移动、富士康、莱钢集团、通用汽车、吉利汽车、滨化集团、广投集团、白云机场、上海浦东机场公司、上海虹桥机场公司、国家电网、中国华电、国家能源集团、中国电科……

最后，我们要感谢八九点遍布全国各地的合作伙伴：中华全国总工会、国家发展改革委培训中心、国资委群工局、北京大学经济学院、北京大学光华管理学院、清华大学继续教育学院、聚成集团、影响力集团、北大纵横、时代光华……我们在合作中相互学习、共同成长。

路漫漫其修远兮，吾将上下而求索。愿所有仁人志士凝心聚力，共同以咨询培训的智慧和力量来夯实中国企业管理的根基，提升经济效益，助推中国企业的高质量发展！